农村公共产品
供给中的乡镇政府责任研究

曲延春　著

人民出版社

目 录
contents

前　言

一、研究背景

　　党的十九大报告指出,农业农村农民问题是关系国计民生的根本性问题,必须始终把解决好"三农"问题作为全党工作重中之重。"三农"问题成为全党工作重中之重是从 2003 年中央农村工作会议开始的。2003 年 1 月召开的中央农村工作会议提出,"把解决好农业、农村和农民问题作为全党工作的重中之重,放在更加突出的位置,努力开创农业和农村工作的新局面。"自2003 年以来,党中央一直把解决"三农"问题放在全党工作重中之重的位置,体现了党中央对"三农"工作的高度重视。农业农村农民问题是关系国计民生的根本性问题,也是我国全面建成小康社会、实现社会主义现代化的短板和瓶颈,没有农业农村的现代化,就没有整个国家的现代化。而为了解决"三农"问题,在 20 世纪 80 年代中央连续出台 5 个中央文件的基础上,从 2004 年到 2020 年,中央又连续出台了 17 个中央一号文件,对"三农"问题精准施策。2018 年中央一号文件《中共中央国务院关于实施乡村振兴战略的意见》提出,"实施乡村振兴战略,是党的十九大作出的重大决策部署,是决胜全面建成小康社会、全面建设社会主义现代化国家的重大历史任务,是新时代'三农'工作的总抓手。"可以说,党的十九大提出的乡村振兴战略为做好新时期的"三农"工作指明了方向。

"三农"问题并非是新中国成立后就出现的问题,而是在 20 世纪 90 年代伴随着农民负担问题的凸显才成为重要的社会问题,进入人们的视野。新中国成立后,为了快速发展经济并实现对资本主义国家的赶超,在发展战略上,我国采取了重工业优先发展战略。由这一发展战略所决定,在城乡关系上,我国形成了城市偏向政策,即在国家财政资源分配上,城市得到了明显多于农村的财政资源。城市的公共产品主要是由国家财政负担供给成本,农村的公共产品并不是由国家而主要是由农民自己负担供给成本。因而,在公共产品供给上,农村无论是水、电、路等基础设施建设还是教育、医疗等社会事业发展都远远落后于城市。

从新中国成立到 1978 年改革开放前的这一段时期,困扰农村的最大问题就是贫困问题。依靠人民公社体制的高度行政化和组织化,人民公社在农田水利建设、农村合作医疗事业等方面取得了一定成绩。但是由于"一大二公"的人民公社体制缺乏内在的激励机制,无法调动农民的生产积极性,因而,在农业生产劳动中,"偷懒"成为农民最理性的选择,干活"大呼隆",农业生产效率低下。到 1978 年,全国还有 2 亿多农民没有解决温饱问题。自 1958 年人民公社成立后的 20 年间,全国粮食总产量增长 52.4%,而同期全国人口增长了 45.86%。按每人平均产量计算,1958 年 303 公斤,1978 年 316.6 公斤。农业生产的经济效益下降,每投入百元资金的纯收入,1956 年为 2.78 元,1978 年下降为 1.85 元。1957 年到 1978 年,农民家庭纯收入平均每人每年增加 3 元,年递增率为 2.5%,扣除物价因素,年平均递增率只有 1.4%。[1]

---

① 何沁主编:《中华人民共和国史》(第二版),高等教育出版社 1999 年版,第 276 页。

　　因而,在极端贫困的情况下,安徽凤阳小岗村的村民冒着极大风险分田到户,拉开了家庭联产承包责任制的序幕。家庭联产承包责任制之所以能够促进农业生产的发展,根本原因就在于这一制度赋予了农民相对独立的利益主体地位,重塑了农民在农业生产中的主体性,使农民拥有了农业生产经营的自主权。所以,家庭联产承包责任制作为制度创新极大地解放了农业生产力,激发了农民的生产积极性,1984 年中国农业就实现了大丰收。因而,从1978 年到1984 年是我国农民增收较快、城乡居民收入差距不断缩小的时期。

　　1985 年我国改革的重点由农村转向城市,在城市开始进行国有企业现代经营制度改革。改革重点的转移使农村重新走上曲折发展的道路,如"从1985 年一直到1992 年,农业生产特别是种植业生产一度曾出现徘徊不前,粮食总产量一直在4.4 亿吨上下波动,棉花总产量却在减少"[①]。与此同时,城乡居民收入差距不断扩大,从1985 年的 1.86:1 扩大到 2009 年的 3.35:1,2010 年开始虽有下降,但目前仍接近3:1。

表 0-1　城乡居民人均收入差距之比

年份	城镇居民人均可支配收入(元)	农村居民人均纯收入(元)	城乡居民收入之比
1978	343.4	133.6	2.57:1
1980	477.6	191.3	2.50:1
1985	739.1	397.6	1.86:1
1990	1510.2	686.3	2.20:1
1995	4283.0	1577.7	2.71:1
2000	6280.0	2253.4	2.79:1
2001	6859.6	2366.4	2.90:1
2002	7702.8	2475.6	3.11:1

[①]　陆学艺、王春光、张其仔:《中国农村现代化道路研究》,广西人民出版社 1998 年版,第143 页。

（续表）

年份	城镇居民人均可支配收入（元）	农村居民人均纯收入（元）	城乡居民收入之比
2003	8472.2	2622.2	3.23:1
2004	9421.6	2936.4	3.21:1
2005	10493.0	3254.9	3.22:1
2006	11759.5	3587.0	3.28:1
2007	13785.8	4140.4	3.33:1
2008	15780.8	4760.6	3.31:1
2009	17174.7	5153.2	3.33:1
2010	19109.4	5919.0	3.23:1
2011	21809.8	6977.3	3.13:1
2012	24564.7	7916.6	3.10:1
2013	26955.1	8895.9	3.03:1
2014	29381.0	9892.0	2.97:1
2015	31790.3	10772.0	2.95:1

数据来源:《中国统计年鉴 2017》,第 171 页。

注:本表 1978—2012 年数据来源于城镇住户调查和农村住户调查,2013—2015 年数据是为满足"十二五"规划需要,根据城乡一体化收支与生活状况调查数据,按可比口径推算获得。2016 年起不再推算。

这一时期,不仅农业生产发展出现徘徊,而且农民负担不断加重。在这双重压力下,农民增收困难。而即使是出现农业增产,往往也未必带来农民增收。如 1993 年,农业生产总水平比上一年增长 7.8%,但农民人均纯收入仅增长 3.2%,两者相差比较悬殊。[①]

农民负担加重的重要原因之一就是,这一时期,基层政府特别是乡镇政府承担了大量公共支出责任。支出责任的增加迫使乡镇政府通过各种方式

---

① 陆学艺、王春光、张其仔:《中国农村现代化道路研究》,广西人民出版社 1998 年版,第 144 页。

向农民伸手要钱,将支出责任转嫁到农民身上,乡镇制度外财政不断膨胀。"头税轻、二税重、三税是个无底洞"是当时农民负担情况的生动写照,头税指农业税等国家税收,二税指"三提五统",三税指的就是对农民的各种集资、摊派。而乡镇制度外财政的膨胀、农民负担的加重实质上反映出农民承担了大量农村公共产品供给的成本。

表 0 – 2 1994—1999 年农民若干主要负担情况

项目 \ 年份		1994	1995	1996	1997	1999
农业各税	总额(亿元)	231.49	278.09	369.46	397.48	423.50
	人均(元)	25.3	30.3	40.2	43.4	45.9
提留统筹	总额(亿元)	365.8	487.0	605.9	645.5	602.0
	人均(元)	40.0	53.2	65.9	70.5	65.3
社会负担	总额(亿元)	70.5	114.9	131.2	134.9	256.0
	人均(元)	7.7	12.6	14.3	14.7	27.8
劳动积累工和义务工	总额(亿个)	71.1	68.1	105.7	81.7	84.4
	劳均(个)	16.4	15.5	23.7	18.2	18.0

资料来源:马晓河:《我国农村税费改革研究》,中国计划出版社 2002 年版,第 3 页。

注:在本表中,农业各税包括农业税、牧业税、耕地占用税、农业特产税和契税。社会负担包括集资、行政事业性收费和罚没款等。

农民负担的不断加重,导致的直接后果就是农民生活困难、农民与基层政府的矛盾加深,农民负担问题成为农村社会不稳定的主要根源。为了解决农民负担问题,2000 年中央确定在安徽省以省为单位进行农村税费改革试点。2002 年税费改革试点扩大到山东、内蒙古、河北、四川、重庆等 16 个省(自治区、直辖市),"并在 2003 年决定全面取消农业税。同时,决策层认识到:农村冲突增加的基本原因,是政府过度注重经济发展,而忽略了公共服务和公共物品的投入。"①直至 2006 年 1 月 1 日，《农业税条例》被废止，农村税费改革取得了历史性成效。"2006 年全面取消农业税后，与农村税费改革前的 1999 年相比，农民每年减负总额将超过 1000 亿元，人均减负 120 元左右，9亿农民得到实惠。"②

除了取消农业税，进入新世纪以来，随着建设社会主义新农村、统筹城乡发展等战略的实施，国家加大了对"三农"的财政投入力度，如"自中央 2005年提出'新农村建设'战略以来，截至 2013 年底，中央向农村投资总规模超过8 万亿元，大大强化了农村公共品的财政投入。"③随着财政投入的增加，农业农村发展取得了较为显著的成绩，"三农"问题得到了一定程度的解决。但是，由于长期以来我国经济社会发展形成的城乡二元结构的固化等原因，农村经济社会发展仍远远落后于城市。虽然农村基础设施建设和农村社会事业取得了一定进步，但是城乡之间的差距还是十分明显。可以说，在我国实现现代化的道路上，城市已经把农村远远甩在了后面。农村已经成为我国经济社会发展、全面建成小康社会以及实现现代化的短板和瓶颈。因而，如何尽快缩小城乡发展差距成为重要的理论和实践课题。

"我们说的缩小城乡区域发展差距，不能仅仅看作是缩小国内生产总量和增长速度的差距，而应该是缩小居民收入水平、基础设施通达水平、基本公共服务均等化水平、人民生活水平等方面的差距。"④实际上，我国之所以城乡发展差距较大，原因之一就是长期以来农村公共产品供给严重不足，国家把

①　赵树凯：《基层政府：体制性冲突与治理危机》，《人民论坛》2014 年第 5 期（下）。
②　《农业税全面取消，国家建设资金更多投向农村》，《人民日报》2006 年 2 月 12 日第 5版。
③　杨帅、董筱丹、温铁军：《农村基础设施长效投入的问题、经验与对策》，《中州学刊》2014年第 6 期。
④　中共中央文献研究室编：《习近平总书记重要讲话文章选编》，党建读物出版社、中央文献出版社 2016 年版，275 页。

财政资金主要投入于城市,财政成了城市财政而非公共财政,农村难以享受到国家财政阳光的普照。国家对农村公共产品供给严重不足,不仅导致了农村基础设施建设的滞后、农村社会事业发展缓慢,而且减少了农民增收的机会,极大制约了农村经济社会发展。农业税取消后,农村公共产品供给虽然开始纳入到国家财政框架下,但是财政投入仍远远不够。同时,农业税的取消虽大大减轻了农民负担,但也造成了县乡基层政府财政收入的减少,由此导致县乡政府对农村公共投资减少,一定程度上影响了农村公共产品供给,降低了农村公共产品供给水平。如张博骁等基于对 2000—2011 年全国代表性村级面板数据的分析发现,取消农业税使得村级小学入学率降低了 1.8 个百分点,显著地降低了村级水平的小学入学率,考虑到全国农村平均入学率在 1990—2000 年仅增加了 1.7 个百分点,这是较大的负面影响。并且,其研究明确提出,取消农业税使地方财政收入减少是使入学率降低的主要政策原因。①

近几年来,我国城镇化水平加速发展,根据国家统计局统计,2017 年城镇常住人口 81347 万人,占总人口比重(常住人口城镇化率)为 58.52%,比 2016 年末的 57.35% 提高 1.17 个百分点。在常住人口比例上,虽然城镇人口超过了乡村人口,但在绝对量上,乡村人口还是较为可观。并且,2017 年户籍人口城镇化率只有 42.35%,与常住人口城镇化率有较大差距。即使将来我国达到 70% 的城镇化率,以全国 14 亿人口计算,仍有 4 亿多人口住在乡村。因而,在快速推进新型城镇化的同时,如何实现城镇与乡村的融合发展具有重要意义。

缩小城乡差距的关键就是应促进城乡公共资源均衡配置特别是城乡公共财政资源的均衡配置,改变传统财政资源投入的城市偏向政策,增加对农

---

① 张博骁、王辉:《取消农业税、财政集权与农村公共品》,《经济学报》2015 年第 1 期。

业农村的财政资源投入,从而增加农村公共产品供给,提高农村公共产品供给水平。只有不断完善农村水、电、路、互联网等基础设施建设水平以及教育、文化、卫生等基本公共服务水平,才能为产业兴旺、生态宜居提供基本前提,才能为乡风文明、治理有效、生活富裕提供基本保障,才能为人才、资金、技术等资源向农村的流动提供基本条件,从而推动城乡融合发展,实现乡村振兴。

增加农村公共产品供给,提高农村公共产品供给水平,政府要担当首要责任。但除了充分发挥政府的作用外,还应该发挥非政府组织、私人组织以及公民个人的作用,让这些组织和个人成为重要的供给主体。但是,政府主体的作用是第一位的,为全体社会成员提供基本的公共产品、使全体公民享受基本的公共服务是政府本身的重要职责,也是现代政府执政合法性的重要来源。因而,政府理应担当起这一职责。

对农村公共产品供给而言,政府亦是一个笼统的概念。在我国,政府包括中央政府和地方政府,地方政府又分为省级政府、市地级政府、县区级政府以及乡镇政府。在本课题中,我们将研究对象聚焦于乡镇政府,主要是因为乡镇政府直接面向农业农村农民,是农村公共产品供给的直接主体,是党和国家各项农村政策的具体执行者和实践者。同时,乡镇政府贴近基层,最便于了解农民的需求意愿和需求偏好,具有获取农民需求信息的天然优势。因而,在农村公共产品供给中,乡镇政府扮演着重要角色。同时,实施乡村振兴战略,农村是基础,乡镇是关键,因而乡镇政府亦在乡村振兴战略实施中扮演关键角色。但是由于行政管理体制和财政管理体制以及其他因素的影响,乡镇政府在农村公共产品供给中的责任担当还存在诸多问题,乡镇政府职能发挥存在着"缺位"与"越位"现象。这些问题不仅影响了农村公共产品供给水平的提升,制约了农村经济社会发展,而且阻碍了乡镇服务型政府的构建。那么导致这些问题的原因是什么?如何解决这些问题?都值得深入探讨。

正是基于上述考量,所以本课题将研究对象限定于农村公共产品供给中的乡镇政府责任及其实现机制。

农村公共产品供给中乡镇政府责任存在问题实际上是长期以来乡镇政府职能还没有真正转变的结果,说明乡镇政府还没有将公共服务职责放在乡镇政府职责的重要位置。因而,从这个意义上说,研究农村公共产品供给中的乡镇政府责任问题实质上就是研究乡镇政府职能转变、服务型乡镇政府建设问题。

二、研究意义

基于以上分析,本课题研究具有独到的学术意义和现实意义:

首先,能够在理论上进一步深化农村公共产品供给问题研究。学术界已有的关于农村公共产品供给问题的研究,很少有针对乡镇政府责任的系统、全面分析。本课题将农村公共产品供给中的乡镇政府责任作为研究对象,进行专门系统、全面分析,必将深化已有研究。

其次,能够为农村公共产品供给问题的解决提供直接对策建议。党的十八届三中全会指出,健全城乡发展一体化体制机制,推进城乡要素平等交换和公共资源均衡配置,推进城乡基本公共服务均等化。党的十九大指出:"建立健全城乡融合发展体制机制和政策体系,加快推进农业农村现代化。"无论是推进公共资源均衡配置,还是推进城乡基本公共服务均等化,以及建立健全城乡融合发展体制机制,最重要的措施之一就是应该创新农村公共产品供给体制、增加财政资源对农村的投入力度,实际上就是应为农民提供更多的公共产品,从而使农民享受更多的公共服务。只有如此,才能提升农民获得感、幸福感和安全感,才能使乡村宜居、农民乐居。对此,本研究能够提供直接对策建议。

再次,对于促进乡镇政府职能转变、建设服务型乡镇政府以及实现国家治理体系和治理能力现代化都具有重要意义。为社会公众提供公共产品是政府的应然责任,农村公共产品的最直接供给主体就是乡镇政府。但由于多种因素的制约,在农村公共产品供给中,乡镇政府一直责任缺失,导致农民对乡镇政府政治认同度下降。同时,乡镇政府治理是国家治理体系和治理能力的重要组成部分,"而推进政府治理现代化的逻辑前提和实践起点,则在于转变政府职能。"[①]因而,本课题研究对于促进乡镇政府职能转变、增强农民对基层政府的政治认同程度、提高基层政府治理能力乃至实现国家治理体系和治理能力现代化意义重大。

三、学术史梳理与研究现状

学界开始研究农村公共产品问题是在 20 世纪 90 年代中后期,根据中国知网统计显示,以农村公共产品(包括农村公共物品及农村公共品)为篇名的论文最早发表于 1996 年,题为《改革后中国农村公共产品供给的变迁》。学界之所以在这一时间节点开始关注农村公共产品问题,主要是因为这一时期农民负担不断加重,也正是因为这一点,当时学者主要是从农村公共产品供给与农民负担的关系进行研究。在 2005 年之前,学界发表的关于农村公共产品问题的论文、出版的著作都比较有限。根据中国知网统计,1997 年到 2003

---

① 王浦劬:《论转变政府职能的若干理论问题》,《国家行政学院学报》2015 年第 1 期。

年,以"农村公共产品"①为篇名的论文数量分别为 1 篇、1 篇、1 篇、4 篇、5 篇、16 篇、15 篇。2005 年开始,学界形成了对这一问题的研究热潮,2005 年至 2010 年学界发表的论文数量明显增多,以"农村公共产品"为篇名的论文数量分别为 118、255、304、257、219 和 177 篇。同时学界出版了一定数量的著作。研究热潮的形成,一是因为农业税的取消对农村公共产品供给产生了较大影响,二是因为这一时期建设社会主义新农村的提出,使学者普遍认识到增加农村公共产品供给对于农业农村发展以及建设社会主义新农村具有重要意义。徐勇(2006)、沈荣华(2006)、程又中(2006)、贾康(2007)、吴晓燕(2006)、贺雪峰(2006、2009)、李燕凌(2008)、刘建平(2007)、王佃利(2009)等都在这一时期发表了关于这一问题的论文。这一时期,学者的研究主要是针对农业税取消后农村公共产品供给所面临的问题,并且从不同角度提出了解决问题的对策。2010 年之后,学界对于农村公共产品供给问题的研究继续深化,从发表的论文数量看,较前几年有所减少,2011 年至 2016 年,以"农村公共产品"为篇名的论文数量每年分别为 166、115、89、89、60 和 36 篇。尽管论文数量减少,但研究视角更加丰富、内容不断拓宽,学者主要研究了农村公共产品的多元主体供给、供给决策机制、供给效率、农村公共产品供给对于农民收入影响、农民需求偏好、不同地区的供给状况等问题。

关于农村公共产品供给问题,在研究方法上,学界既有实证研究,也有理论研究。研究内容主要集中于以下几个方面:

(1)农村公共产品供给中存在的问题及增加农村公共产品供给的重要性。学者普遍认为,供给总量不足,质量低下、结构失衡是农村公共产品供给中存在的主要问题。农村公共产品主要由农民自我提供,城市公共产品主要

---

① 学术界关于农村公共产品供给问题的研究,还有以"农村公共物品""农村公共品"为篇名的论文,在此我们仅以"农村公共产品"为篇名的论文为例,基本能反映出学术界的研究状况。

由国家提供,与城市相比,农村公共产品供给差距明显。农村公共产品供给存在的总量不足、结构失衡等问题已经严重影响了农村经济社会发展,因而,增加农村公共产品供给十分必要。如徐勇、项继权认为,新中国成立以来,我国人民在享有公共物品方面取得了前所未有的成就。但是,必须看到,我国国民在享受公共物品方面还是低水平、不均衡的,最突出的问题就是农村公共物品的供给严重不足。统筹城乡发展,就是要逐步改变长期延续的城乡二元结构,使包括农村人口在内的全体国民都能享受到平等的国民待遇。其重要内容之一就是建立能够覆盖城乡、惠及全民的公共财政和由公共财政所支撑的公共物品供给体系。① 徐双敏等认为,农业税取消后,虽然农村公共产品供给纳入公共财政框架,但是问题依旧突出,包括:基层政府供给公共产品能力的萎缩,贫困地区农村公共产品供给问题突出;以农民需求为导向的农村公共产品供给机制尚未建立;基层政府自身的负担与农村农民农业需要的公共服务争夺资源的矛盾没有解决。②

(2)农村公共产品供给中存在问题的原因分析。普遍认为,在城乡二元结构下,国家对农村财政投入不足、政府责任缺失是重要原因。同时,政府间事权与财权失衡导致了基层政府无力承担农村公共产品供给的责任。并且,长期以来形成的"自上而下"的决策机制导致了农村公共产品偏离了农民需求意愿,供给难以满足农民需求。王晔等根据选取的2003—2011年中国大陆30个省级地区面板数据,实证分析了现行财政分权体制对农村公共产品供给的影响,结果表明,现行财政分权体制对农村公共产品供给存在着一定的负

---

① 徐勇、项继权:《公民国家的建构与农村公共物品的供给》,《华中师范大学学报》(人文社会科学版)2006年第2期。
② 徐双敏、陈尉:《取消农业税费后农村公共产品供给问题探析》,《西北农林科技大学学报》(社会科学版)2014年第5期。

面效应。① 崔开云分析了非政府组织参与农村公共产品供给的制约因素。②
罗兴佐、房红磊分析了农村公共产品供给效率的影响因素。③ 也有学者从制
度变迁的角度分析农村公共产品问题的原因,如张军(1996)、林万龙(2003)
等认为,家庭联产承包责任制虽然促进了农业生产发展,但没有促进农村公
共产品的有效供给。

　　(3)解决农村公共产品供给问题的思路对策。关于公共产品供给的价值
原则,郭小聪、刘述良提出,应以结果公正与形式公正为理念设计公共产品供
给制度。④ 关于农村公共产品的多元供给,沈荣华认为应实现农村公共产品
供给结构由单元到多元的创新。⑤ 贺雪峰、罗兴佐认为,农村公共产品供给必
须以国家强制力为保障,形成国家与村庄之间合作与互补的供给机制。⑥ 程
又中、陈伟东提出了国家与农民在公共产品供给中的角色与定位。⑦ 邓大松
等认为应以政府为供给主体,同时积极引入市场力量,形成公共物品供给的
多元供给体系,并建立合理的农村公共物品供给的行政立法和决策机制。⑧

---

①　王晔、藏日宏:《我国财政分权体制对农村公共产品供给的影响》,《经济问题》2014 年
第 6 期。

②　崔开云:《非政府组织参与中国农村公共产品供给基本问题分析》,《农村经济》2011 年
第 4 期。

③　罗兴佐、房红磊:《农村公共物品供给效率的影响因素分析——基于重庆市 12 个村庄
道路和水利设施的调查》,《重庆邮电大学学报》(社会科学版)2013 年第 5 期。

④　郭小聪、刘述良:《面向公共利益差异性的公共产品供给制度设计》,《中山大学学报》
(社会科学版)2008 年第 3 期。

⑤　沈荣华:《论我国农村公共物品供给的内在逻辑》,《理论探讨》2005 年第 6 期。

⑥　贺雪峰、罗兴佐:《论农村公共物品供给中的失衡》,《经济学家》2006 年第 1 期。

⑦　程又中、陈伟东:《国家与农民:公共产品供给角色与功能定位》,《华中师范大学学报》
(人文社会科学版)2006 年第 2 期。

⑧　邓大松、刘志甫:《我国农村公共物品有效供给问题与策论》,《江西社会科学》2016 年
第 10 期。

项继权、李晓鹏专门分析了"一事一议"财政奖补制度。① 董磊明提出,国家在可见的将来很难有足够的财政能力包揽下所有的农村公共品供给,农村公共品供给中的内生机制将发挥相当重要的作用,因此必须提升农村公共品的内生型供给能力和村社承接外来供给的能力。② 史耀波(2012)、姜宏杰(2014)对农村公共产品的市场化供给问题进行了讨论。还有学者对如何促进农村公共产品的非政府组织供给、农民的自愿供给以及如何构建农民需求表达机制等问题进行了专门分析。

(4)国外农村公共产品供给研究。陈家刚根据实地调研的材料,并参考德国相关法律、法规和政策,以德国乡村公共品供给为线索,对德国地方治理过程中的权责结构、财政关系,以及监督机制进行了初步分析。③ 张义方等分析了近年来欧盟农村环境类公共产品的治理措施,并对德国、英国和西班牙等国农村公共产品治理的特点进行了分析。④ 刘会柏等分析了美国政府主导下的供给主体和方式的多元化、以赠地学院为龙头的科教兴农运行机制。⑤ 苏振华等分析了韩国新村运动及其农村公共产品供给的主要做法。⑥ 此外,路征等(2013)还分析了泰国的经验,鄢奋(2009)分析了日本农村公共产品供给经验,等等。

---

① 项继权、李晓鹏:《"一事一议财政奖补":我国农村公共物品供给的新机制》,《江苏行政学院学报》2014 年第 2 期。
② 董磊明:《农村公共品供给中的内生性机制分析》,《中国农业大学学报》(社会科学版)2015 年第 5 期。
③ 陈家刚:《德国地方治理中的公共品供给——以德国莱茵——法尔茨州 A 县为例的分析》,《经济社会体制比较》2006 年第 1 期。
④ 张义方、路征、邓翔:《欧盟农村公共产品治理经验及启示》,《经济社会体制比较》2013 年第 3 期。
⑤ 刘会柏、闫桂芬:《美国农村公共服务:运作与借鉴》,《楚雄师范学院学报》2014 年第 4 期。
⑥ 苏振华、周志祥:《韩国"新村运动"公共产品供给机制及其效率》,《中共宁波市委党校学报》2010 年第 1 期。

再看关于乡镇政府责任问题的研究。从已有研究成果来看,学术界专门针对农村公共产品供给中的乡镇责任问题的成果非常少。对于这一问题的研究主要体现在关于乡镇政府职能转变问题的研究中。

学界关于乡镇政府职能问题的研究亦是自 20 世纪 80 年代开始,经历了研究的初始阶段、高潮阶段、深化阶段。以"乡镇政府职能"为篇名的论文为例,2003 年之前,学界发表的论文数量均在 10 篇以下,2006 年至 2010 年形成研究高潮,论文数量分别为 42、62、53、45、29 篇。2011 年之后,论文数量不断减少。

总体来看,关于乡镇政府职能转变问题学界研究集中于以下几个方面:

(1)关于乡镇政府职能转变存在的问题。学者普遍认为,长期以来乡镇政府没有承担起农村公共产品供给的责任。杨善华等认为,从 20 世纪 80 年代分灶吃饭开始,乡镇政权就从人民公社时期的"代理型政权经营者"变为"谋利型政权经营者","作为政府的最低一个层级,乡镇政府不是将自己应该担负的行政管理事务看作自己的主业,而是将经济活动看作是自己的主业。"[1]周飞舟认为,税费改革后,乡镇政府成为了"悬浮型"政府,国家想通过农村税费改革实现基层政府职能转变的深层目的并没有完成,乡镇政府行为出现了迷失。[2] 陈盛伟等则将乡镇政府概括为"谋利型政权代理人"。[3]

(2)关于乡镇政府职能转变存在问题的原因。薛金礼等认为,乡镇政府职能难以转变,主要是由以下外部因素决定,包括:职能转变的内部动力缺

---

① 杨善华、苏红:《从"代理型政权经营者"到"谋利型政权经营者"——向市场经济转型背景下的乡镇政权》,《社会学研究》2002 年第 1 期。

② 周飞舟:《从汲取型政权到"悬浮型"政权——税费改革对国家与农民关系之影响》,《社会学研究》2006 年第 3 期。

③ 陈盛伟、岳书铭:《乡镇政府"谋利型政权代理人"行为的分析》,《中国行政管理》2006 年第 3 期。

乏、压力型体制的影响、纵向政府间事权与财权的不匹配、农民参与的缺位、等等。① 贺雪峰认为，利益的转换是乡镇政府责任存在问题的原因，取消农业税后，乡镇利益与农村和农民越来越无关系，乡镇没有主动介入到农村、农民和农业事务中的积极性，乡镇不会主动为村组解决问题、为农民解决问题。由此导致乡镇注意力的大转移，比如从之前90%的精力用于农业和农民问题，转变到90%的精力用于招商引资和小城镇建设。② 于建嵘认为，农村税费改革后，农村基层政权面临着权力"悬浮"、"维稳"异化、"与民争利"的现实困境。基层政府作为具有独立利益的经济实体，由于缺乏足够的财政支撑其运作，其行为表现出严重经济化特征，而其社会公共服务职能严重缺位。③ 格雷姆·史密斯则分析了乡镇政府的空壳化问题，其研究认为，虽然乡镇政府的改革目标是由"汲取型"转变为"服务型"，但是当前乡镇政府处于两难境地，虽然从中央政府到地方各级政府都增加了农村卫生、教育等方面的财政投资，但基层政府提供的公共服务仍不能满足农民的需求。④

（3）关于推进乡镇政府职能转变的思路。

机构改革是实现职能转变的重要措施，很多学者对乡镇政府机构改革问题给予了关注，特别是乡镇政府的"撤"与"留"问题。如徐勇在《县政、乡派、村治：乡村治理的结构性转换》一文中，就提出建立"县政、乡派、村治"的治理结构，即：县具有更多的治理自主性；乡只是县政府的派出机构，专事政务和指导村民自治。⑤ 郁建兴等认为，撤销乡镇政府或改乡镇政府为县级政府的

---

① 薛金礼：《论乡镇政府职能转变需要的外部因素》，《黑河学刊》2013 年第 10 期。
② 贺雪峰：《论乡村治理内卷化——以河南省 K 镇调查为例》，《开放时代》2011 年第 2 期。
③ 于建嵘：《我国农村基层政权建设亟需解决的几个问题》，《行政管理改革》2013 年第 9 期。
④ 格雷姆·史密斯，苏丽文、展枫译：《乡镇政府"空壳化"问题研究：一种内部运作的视角》，《经济社会体制比较》2013 年第 1 期。
⑤ 徐勇：《县政、乡派、村治：乡村治理的结构性转换》，《江苏社会科学》2002 年第 3 期。

派出机关,并不是可行的改革方向。要改革乡镇政府首先须明确其角色定位,正视乡镇政府法定职能有限、兜底责任无限这一现实,而后才能在明确职能和责任的基础之上,重构县乡关系和乡村关系。① 金太军认为,乡镇机构必须朝着加强农村公共物品建设的方向改革,乡镇机构改革的重点在于重构政府职能。②

此外,韩俊(2008)、吴理财(2006)、马晓河(2006)、党国英(2006)、张新光(2007)等也对乡镇机构改革、乡镇政府职能转变问题进行了研究。

综上,无论是农村公共产品供给问题,还是乡镇政府责任问题,学界都取得了较为丰富的成果,但也存在一定不足,特别是缺乏农村公共产品供给中乡镇政府责任问题的专门研究。乡镇政府处于我国政府层级的最末端,是直接面向农业、农村和农民的一级政府,其责任担当情况直接影响到农村公共产品供给数量和质量,直接影响到农业和农村发展。长期以来,在农村公共产品供给中,乡镇政府一致存在责任缺失问题,其实然职责偏离应然职责,没有担当起为农民提供公共产品的主体责任。那么,在应然层面,在农村公共产品供给中乡镇政府应当承担哪些责任? 在实然层面,乡镇政府是否承担了这些责任? 为什么长期以来乡镇政府责任缺失? 其原因有哪些? 如何使乡镇政府真正担当起农村公共产品供给的责任? 等等,这些问题值得深入探讨研究。

---

① 郁建兴、黄飚:《乡镇政府的职能界定与责任承担——基于浙江省三门县小雄镇的个案分析》,《中共宁波市委党校学报》2013 年第 5 期。
② 金太军:《新农村建设视角下的乡镇机构改革》,《长白学刊》2007 年第 2 期。

第一章

农村公共产品:概念与价值

一、公共产品与农村公共产品

(一)公共产品的概念

要界定农村公共产品的概念就需要首先界定公共产品的概念。公共产品亦称为公共物品或公共品,在本研究中,称之为公共产品。但在引用或参考其他学者文献时,尊重其用法。较早论及公共产品问题的是大卫·休谟,他在其著作《人性论》中提出,"两个邻人可以同意排去他们所共有的一片草地中的积水,因为他们容易互相了解对方的心思,而且每个人必须看到,他不执行自己的任务的直接后果就是把整个计划抛弃了。但要使一千个人同意那样一种行为,是很困难的,而且的确是不可能的;……因为各人都在寻找借口,要使自己省却麻烦和开支,而把全部负担加在他人身上。政治社会就容易补救这些弊病。"①在这一论述中，休谟实际上就论及了公共产品收益的外部性问题、消费者使用中的搭便车问题、集体行动的困境以及克服搭便车的途径，提出政治社会即政府是克服公共产品供给困境的途径。

较为明确提出公共产品概念的是经济学家萨缪尔森，他在1954年《公共支出的纯理论》一文中提出有两类物品，一类是通常的私人消费品，一类是公共消费品。公共消费品这类物品是所有人共同使用，从某种意义上说，这类物品的任一个个人的消费不会减少其他个人对这类物品的消费。实际上，萨缪尔森在此也并未使用公共产品的概念，而是使用了公共消费品的概念。并且，萨缪尔森对公共消费品的定义只论及了公共产品的非竞争性，即一个人的使用并不影响其他人的使用，并未论及公共产品的非排他性。另外，萨缪尔森只分析了消费品的两个极端情况，即纯粹私人消费品和纯粹公共消费品。但是如果把纯粹私人消费品和纯粹公共消费品看作是所有消费品区间两端的话，那么，大量存在的消费品实际上是准公共产品，萨缪尔森对此并未论及。

公共选择学派经济学家布坎南基于共有产权理论提出了"俱乐部产品"的概念，他认为，俱乐部产品适用于从纯私人产品到纯公共产品的所有情况，无论是纯私人产品还是纯公共产品，都是少数情况，大多数产品都是介于纯私人产品和纯公共产品之间，称之为"俱乐部产品"，当然俱乐部的规模大小不一，因而，俱乐部的成员数可以从1到∞。

基于以上，公共产品就是在使用中具有非竞争性和非排他性、满足一定公共需求的产品。如果说纯粹私人产品是具有完全排他性和完全竞争性的产品，那么纯粹公共产品就是具有完全非排他性和完全非竞争性的产品。这

---

① David Hume（1740），A Treatise of Human Nature，Vol3. 参见马胜杰、夏杰长等著《公共经济学》，中国财政经济出版社2003年版，第40—41页。

种纯粹公共产品在现实生活中较少,大部分公共产品都是以准公共产品的形态存在,也就是具有一定程度的非竞争性和一定程度的非排他性,而部分产品只具有其中的一种性质,即具有一定程度的非竞争性或一定程度的非排他性。

所谓非排他性,是针对排他性而言,就是指在公共产品的使用过程中难以在技术上将不付费的人排除在外,或者排他的成本非常高。比如,农村公路是典型的公共产品,在使用农村公路的过程中,农村公路一般是不收费的,因为其很难将不付费的人排除在外。而如果真要想把不付费的人排除在外也是可以做到的,但是需要投入大量的人力和资金,其获得的收益很可能难以与成本平衡。

所谓非竞争性,是针对竞争性而言,就是指在公共产品的使用过程中一个人对该产品的使用并不影响其他人的使用。也就是,对于公共产品来说,增加一个单位消费量的边际成本为零。大气污染治理是具有完全非竞争性的公共产品,天气预报作为信息服务也是具有非竞争性的典型公共产品。在使用人数一定的情况下,农村公路也具有非竞争性,但是当人数达到一定限度时,农村公路会出现拥挤,形成竞争。

(二)农村公共产品及其分类

根据公共产品的概念,我们可以把农村公共产品界定为,农村公共产品就是针对农村私人产品而言的,具有完全或者一定程度的非竞争性和非排他性,为农业生产和农民生活共同需要的产品。

根据不同的分类标准,农村公共产品可以分为不同的类别。

按照基本特征,农村公共产品可以分为农村纯公共产品和农村准公共产品。农村纯公共产品就是具有完全的非竞争性和完全的非排他性,如农村气象服务、农村环境治理等。农村准公共产品就是具有一定程度的非竞争性和一定程度的非排他性的公共产品,实际上,在农村大量存在公共产品都是准公共产品。就如农村公路,虽然在使用过程中难以排他,但是具有竞争性,即当使用者达到一定程度时,会出现拥挤的情况。

按照受益范围的大小,可以分为全国性的农村公共产品和地区性的农村公共产品。全国性的农村公共产品也就是受益范围为全国,超越局部地区范围,主要有农业基础科学技术研究、农业科技推广、大江大河的治理、农村义务教育、农业气象服务,等等。地区性的农村公共产品也就是局部地区受益,局部地区的范围可以是一个省、一个市、一个县,也可以是一个乡镇或者一个村庄,甚至一个村庄内部的部分农户,主要有乡村道路、地区性农田水利设施、农村公共卫生、农业病虫害防治,等等。

按照农村公共产品存在形态,可以分为实物形态农村公共产品和非实物形态的农村公共产品。实物形态的农村公共产品也就是以实物形态存在、能够看得见摸得着的公共产品,如道路、农田水利工程等,也有学者将其称为"硬"公共产品;非实物形态的公共产品也就是以非实物形态存在的、看不见摸不着的公共产品,如农村公共卫生服务、农业科技服务等,有学者将其称为"软"公共产品。

(三)农村公共产品供给体制

农村公共产品供给体制是指围绕农村公共产品供给形成的具体运行制度,主要涉及供给成本由谁来承担、供给决策谁来做出、公共产品谁来生产和谁来提供等问题。其中的核心问题是供给成本的承担问题。

新中国成立后,我国在公共产品供给中形成了城乡二元的供给体制,城市公共产品主要是由国家(政府)来提供,由国家财政负责其成本。而农村公共产品除国家提供部分产品外,主要是由农村集体组织以及农民个人负责提供,其供给成本主要是由农民承担。因而,在农业税取消前,农村公共产品供给体制实质是制度外供给。

农业税取消后,农村公共产品供给开始纳入到国家公共财政的框架下,公共产品的城乡二元供给体制开始向城乡政策统一的一元供给体制转变。但是这种转变仅仅是个开始,受多种因素的影响,农村公共产品供给与城市相比还存在较大差距。

二、农村公共产品供给之于经济社会发展的价值

如同私人产品能够满足私人需要一样,农村公共产品供给也能够满足农民共同的生产生活需要。不仅如此,农村公共产品供给对于经济社会发展具有重要价值。

(一)农村公共产品供给是改善农村落后面貌的关键措施

长期以来,与城市相比,农村无论是水、电、路等基础设施建设还是基础教育、医疗服务等社会事业发展,都处于落后状态。进入新世纪以来,特别是在工业反哺农业、城市支持农村政策引领下,我国不断加大对农业农村的投入力度,农村面貌有了较大改观。但是相比于城市,农村整体上还是处于落后状态。原因之一就是在长期以来公共产品供给的城乡二元体制影响下,农村公共产品供给总量严重不足,包括农田水利设施、农村公路建设、农村基础教育、农村医疗卫生等各个方面,国家财政投入都非常有限,这就直接导致了农村发展落后状况。

政府无论是在农田水利和农村公路等基础设施领域的投入,还是在农业科技研发和农业技术推广方面的投入,都有助于缓解农村贫困,推动农业生

产发展和农业产出增长。特别是对于西部地区,国家对农村公共产品供给的投资边际效用更大,对扶贫和缩小地区差距的作用更为明显。如熊兴等以我国31个省份为研究对象,选取五个方面14项指标进行了测算,发现农村公共产品供给对于我国西部地区农村贫困消减的作用最大,"农村公共产品供给水平每提高1个单位,农村贫困减少0.1447个单位。"[①]

农村公路是典型的农村公共产品,"要想富,先修路"这一俗语生动地说明了农村公路建设对于改变农村落后面貌的意义。我们以农村公路建设为例分析农村公共产品供给对于改善农村落后状况的作用。

邓蒙芝等利用江苏、四川、陕西、河北、吉林五个省25个县100个样本村2000个农户的调查数据,运用计量经济学分析方法,实证分析得出,农村道路基础设施的改善能够有效促进农民非农就业,"村内道路基础设施条件好的村庄劳动力非农就业率最高,为58.5%,比村内道路基础设施条件差的村庄高9个百分点;与外界通达的道路基础设施状况较好即有公路通过本村的村庄劳动力参与非农就业的比例也同样较高,为55.6%,比没有公路通过本村的村庄高6.5个百分点。"[②]周春平基于江苏省2000年至2014年县域面板数据的回归分析发现,等级公路基础设施对农民收入的影响显著,收入弹性系数在0.217—0.225之间,而等外公路对农民的收入影响不显著。尽管新世纪以来中国的公路基础设施建设取得了巨大成就,但人均公路里程、公路密度、公路网络体系与发达国家相比还存在较大差距。因此,在总量上仍要继续加大公路基础设施的投入,重点是加大等级公路基础设施建设。[③] 农村公路之

---

① 熊兴、余兴厚、苏科:《农村公共产品供给减少贫困了吗》,《贵州财经大学学报》2018年第4期。

② 邓蒙芝、罗仁福、张林秀:《道路基础设施建设与农村劳动力非农就业——基于5省2000个农户的调查》,《农业技术经济》2011年第2期。

③ 周春平:《农村公路基础设施对农民收入的影响——基于江苏省2000—2014年县域面板数据的实证研究》,山西农业大学学报(社会科学版)2017年第9期。

所以能够改善农村落后状况,其原因在于,农村公路不仅能够直接改善农村生活和农业生产条件,提高农业生产便利程度,而且能够改善农民生活交往空间,为农民获得更多工作机会提供基本支持,从而使农民能够获得更多的收入来源。

(二)农村公共产品供给是促进农村社会发展的主要手段

增加农村公共产品供给不仅能够改善农村落后状况,缓解农村贫困,而且能够从根本上促进农村经济社会长久发展。如杨爽等在 VAR 模型的基础上,通过建立协整方程、Granger 因果检验、脉冲响应冲击,对农村公共产品和农村经济增长的关系进行了全面的研究,发现农村公共产品对农村经济增长有着长期的经济效应,总的贡献率达到 54.15%。[①] 再如张士云等运用1993—2007 年粮食主产区 13 个省份的面板数据分析了农村公共产品投入对农业增长的影响。结果表明,农村公共产品的投入对农业增长有着正向的促进作用,农村教育、农村电力、农田水利和农村公路四种公共产品对农业增长的贡献达到了 55.3%。[②] 霍忻的研究表明,我国农村基建和科教医疗卫生等公共物品供给与地区农民纯收入间存在着显著的正相关关系,相关程度从高至低依次为医疗卫生、教育、科技和基建,数值分别为 0.62、0.13、0.12 和0.09。长期中我国农村基建科技、教育和医疗等公共物品供给具有显著的收入递增效应,供给每增加 1% 将引起农民纯收入分别增长 0.24%、0.34%、0.23% 和 0.88%。[③]

---

① 杨爽、刘萍、周星:《基于 VAR 模型分析农村公共产品与经济增长之间的关系——以福建省数据检验为例》,《社会科学辑刊》2011 年第 2 期。
② 张士云、姚升、蒋和平、栾敬东、江激宇:《粮食主产区农村公共产品投入对农业增长的影响分析》,《农业经济问题》2010 年第 4 期。
③ 霍忻:《农村公共物品供给收入效应的实证分析》,《西北农林科技大学学报》(社会科学版)2016 年第 4 期。

也有学者对不同省份农村公共产品供给促进农民增收的效应进行研究，如刘七军等基于甘肃省的数据分析得出，"农村公共投资对农民增收具有较明显的正相关效应，即农村公共投资每增加1%，将带动农民收入增长0.79%；农村社会保障投入和农村教育投入均对农民收入具有正增长效应，其中农村社会保障投入每增加1%，可以使得农民收入增长0.07%；农村教育投资每增加1%，将使农民收入增长0.14%。"[①]潘经强基于河南省的实证检验得出，"公共投资总额每增长1%，将带动河南农村居民家庭人均纯收入增长0.34%；农村社会保障投入每增长1%，人均纯收入将增加0.01个百分点；农村教育投入每增加1%，带动河南农村居民家庭人均纯收入增长0.26%。同时，农村医疗卫生投入每增长1%，人均纯收入将降低0.98%。"[②]

下面我们以农村基础教育为例作进一步分析：

农村基础教育是促进农村社会发展的根本。一方面，农村基础教育投入、人力资本的投资能够直接提高农村人力资源水平、促进经济增长。习近平总书记多次强调，"发展是第一要务，人才是第一资源，创新是第一动力。"而基础教育则是提高农村人才资源水平的最主要途径。"据世界银行《世界发展报告》测算，依靠普及教育、知识扩展、技术进步等因素带来的劳动者素质的提高而形成的全要素生产率增长对经济增长的贡献作用，发达国家约为49%，发展中国家也达到了31%左右。"[③]长期以来，与城市居民相比，农民受教育水平低、受教育年限短、农村人力资源数量有限在很大程度上影响了农民收入提高，制约了农村经济社会发展。"截至2015年，我国农村本地劳动

---

① 刘七军、李昭楠：《农村公共产品供给对农村经济发展的量化研究》，《中国农机化》2011年第4期。

② 潘经强：《农村公共产品供给经济效益分析——基于河南省实证检验》，《商业经济研究》2015年第30期。

③ 黄金辉、张衔、邓翔等：《中国西部农村人力资本投资与农民增收问题研究》，西南财经大学出版社2005年版，第23页。

人口的平均受教育年限仅 8.28 年,尚未达到初中毕业的水平,而城镇本地就业人口的平均受教育年限已经达到 12.62 年。"[①]而农民受教育年限的增加与其收入呈显著正相关,因为教育不仅能够直接提高农民的文化水平和劳动技能,而且能够提高农民的思想水平、开放观念和竞争意识。有研究认为,"传统农民的教育年限每增加 1 年,其平均年收入增加 233 元,收入增加比率为4.6%。"[②]而对于从事非农产业的农民工来说,随着教育年限的增加,收入增加比率更高,"如果以小学以下文化程度的就业者收入为 100,那么小学文化程度就业者的收入为 150 ,初中、高中、中专、大专和大专以上文化程度就业者的收入分别为 168、176、197、212 和 242。"[③]当然,不同学者基于不同数据和样本所计算出的农民年收入增加数额并不相同,但是受教育年限会促进收入增长是一致结论。

另一方面,农村基础教育具有较强的正外部性,农村基础教育的发展能够促进经济社会的发展。任何一个国家、一个社会的发展都必须依靠具有一定科学文化知识和科学文化素养的人力资源。没有人才资源的支持,一个国家、一个社会也不可能实现创新,不可能有发展的持久动力。而对于我国农村经济社会发展来讲,也必须依靠一定的人力资源。正是在这个意义上,习近平总书记在 2018 年 3 月 8 日全国两会期间参加山东代表团讨论时指出,"要推动乡村人才振兴,把人力资本开发放在首要位置,强化乡村振兴人才支撑。"除此之外,教育对于农民提升社会地位也具有重要意义,教育为农民及其子女提供了较为平等的参与社会竞争的机会,能够促进农民社会阶层流

---

① 花亚州、刘昌平:《教育对城乡劳动力收入差距的影响研究——基于平等与效率视角》,《社会保障研究》2018 年第 1 期。

② 苏华山、王志伟:《中国农村居民教育对个人收入的影响——基于 1989 年至 2009 年微观面板数据的实证研究》,《广东商学院学报》2012 年第 4 期。

③ 匡远配、曾福生:《扩大农村内需:基于统筹城乡公共产品供给的视角》,《湖南社会科学》2009 年第 4 期。

动。根据张立冬的研究,"在1988—2008年间的八个调查年份中,父辈贫困同时子辈维持贫困子女的初中及以上教育程度的平均比重为60.03%,但是脱离贫困子女的初中及以上教育程度的平均比重则达到了75.66%。"[①]可见,只有通过教育才能真正提高农民的社会竞争力,教育不仅能够实现农民个体而且能够实现农民整个家庭社会地位的提高,教育是阻断农民贫困代际传递和代际地位下降的最主要也是最有效的途径。

(三)农村公共产品供给是扩大国内消费需求的重要途径

增加农村公共产品供给对于扩大农村消费需求具有重要意义。消费需求是拉动经济增长的三驾马车之一。但是长期以来,我国经济发展过多依赖于投资和出口。2008年国际金融危机之后,我国经济增长速度下行的压力一直较大。经济增长速度下行,一方面是我国经济由高速增长阶段转向高质量发展阶段背景下,我国调整经济结构、转变经济发展方式,主动适应经济发展新常态的结果;另一方面其实也反映出我国消费需求对经济增长的拉动作用有限。而在消费需求中,相比于城市,农村消费需求更为有限。

从1978年至2015年城乡居民消费水平来看,1978年至1985年,城乡居民消费水平呈现不断缩小的趋势,1985年和1990年的居民消费水平对比均为2.2:1,是1978年农村改革后直至目前的最低点。而1985年也是城乡居民收入差距最小的时期,基于此,我们可以说1978年至1985年农民收入的快速增长与这一时期城乡居民消费水平对比的下降呈正相关。1990年代城乡居民消费水平对比不断提高,2000年达到历史最高点,为3.7:1。其后,呈总体下降趋势,但是下降速度较慢。2015年,城乡居民消费水平对比仍为2.8:1,

---

① 张立冬:《中国农村贫困代际传递实证研究》,《中国人口·资源与环境》2013年第6期。

与 1978 年的数值相比仅仅低 0.1,可见,农村改革四十年后,当前城乡居民消费水平对比仍处于改革之初的水平。

表 1-1 城乡居民消费水平

年份	绝对数(元)			城乡消费水平对比
	全体居民	城镇居民	农村居民	(农村居民 =1)
1978	184	405	138	2.9
1980	238	490	178	2.7
1985	440	750	346	2.2
1990	831	1404	627	2.2
1995	2330	4769	1344	3.5
2000	3721	6999	1917	3.7
2001	3987	7324	2032	3.6
2002	4301	7745	2157	3.6
2003	4606	8104	2292	3.5
2004	5138	8880	2521	3.5
2005	5771	9832	2784	3.5
2006	6416	10739	3066	3.5
2007	7572	12480	3538	3.5
2008	8707	14061	4065	3.5
2009	9514	15127	4402	3.4
2010	10919	17104	4941	3.5
2011	13134	19912	6187	3.2
2012	14699	21861	6964	3.1
2013	16190	23609	7773	3.0
2014	17778	25424	8711	2.9
2015	19308	27088	9630	2.8
2016	21228	29219	10752	2.7

数据来源:《中国统计年鉴 2017》,第 78 页。

注:本表绝对数按当年价格计算。

城乡居民消费水平对比没有剔除城乡价格不可比的因素。

城乡居民消费水平指按常住人口计算的人均居民消费支出。

而从近几年城乡居民人均消费支出数额对比来看,也有较大差距。2013年城镇与农村居民人均消费支出之比为 2.47:1,2016 年下降到 2.28:1,虽呈下降趋势,但是差额的绝对值还比较大。

表 1-2　全国城镇与农村居民人均消费支出

年份	全国城镇居民人均消费支出（元）	全国农村居民人均消费支出（元）	城乡之比
2013 年	18487.5	7485.2	2.47:1
2014 年	19968.1	8382.6	2.38:1
2015 年	21392.4	9222.6	2.32:1
2016 年	23078.9	10129.8	2.28:1

数据来源:《中国统计年鉴 2017》,第 165、168 页。

而在文化娱乐消费支出上,城乡差距则更为明显。"2017 年城镇居民人均文化娱乐消费支出 1339 元,比 2013 年增长 41.5%,2014—2017 年年均增长 9.1%;农村居民人均文化娱乐消费支出 261 元,比 2013 年增长 49.1%,年均增长 10.5%。由于农村居民文化娱乐消费支出的增速高于城镇居民,因而城乡居民文化娱乐消费支出之比由 2013 年的 5.4:1,降低到 2017 年的 5.1:1。"[1]虽然城乡居民娱乐消费支出之比有所下降,但降幅并不明显,且差距依旧较大。

再从城镇居民与农村居民平均每百户主要耐用消费品拥有量来看,城乡之间也有一定差距。

---

[1] 《文化事业建设不断加强,文化产业发展成绩显著——改革开放 40 年经济社会发展成就系列报告之十七》,http://www.stats.gov.cn/ztjc/ztfx/ggkf40n/201809/t20180913_1622703.html。

表1-3　城乡居民平均每百户主要耐用消费品拥有量比较(2016年末)

主要耐用消费品	城镇	农村	农村与城市之差 (城镇数量减去农村数量)
家用汽车(辆)	35.5	17.4	18.1
摩托车(辆)	20.9	65.1	−44.2
电动助力车(辆)	49.7	57.7	−8
洗衣机(台)	94.2	84.0	10.2
电冰箱(台)	96.3	89.5	6.8
微波炉(台)	55.3	16.1	39.2
彩色电视机(台)	122.3	118.8	3.5
空调(台)	123.7	47.6	76.1
热水器(台)	88.7	59.7	29
排油烟机(台)	71.5	18.4	53.1
移动电话(部)	231.4	240.7	−9.3
计算机(台)	80.0	27.9	52.1
照相机(台)	28.5	3.4	25.1

数据来源:根据《中国统计年鉴2017》,根据第167、170页整理。

由2016年末城镇与农村居民平均每百户拥有的主要耐用消费品比较来看,除摩托车、电动助力车和移动电话农村拥有量明显多于城镇,其他耐用消费品,农村每百户拥有量均少于城镇,洗衣机、电冰箱、电视机拥有量差距不是太大,空调、计算机、排油烟机拥有量差距明显。因而,农村还有较大的消费市场。

增加农民收入无疑是提高农村消费水平的直接途径。据统计,"我国城镇居民收入每增长1%,城市消费品市场大体会增长1.05%;农民收入每增长1%,农村消费的零售额大体会增长1.18%,即农村的边际消费倾向比城镇高得多,因此繁荣农村消费市场,扩大农村的消费需求,是我国扩大内需,促进经济增长不可或缺的途径。"①因而,通过增加农村公共产品供给,努力扩大农民增收的机会具有重要意义。

李中生、汪垚通过理论模型和中国统计年鉴数据对农村公共产品供给与农民消费规模相关性做了实证分析。他们得出的结论是,农民消费规模同国家财政对农业生产支出、农村社会保障支出和农村事业财政支出具有长期均衡关系,国家财政对农业生产支出、农村社会保障支出和农村事业财政支出对农民消费的作用方向是一致的,是一种正相关关系。国家财政对农业生产支出每增加 1 元的投入,农村居民的消费就会增加 0.436 元;国家财政对农村社会保障支出每增加 1 元,就会拉动农民消费 0.226 元;国家财政对农村事业财政支出每增加 1 元,就会拉动农民消费 0.15 元。因此,对于财政支援农业生产支出、农村社会保障支出和农村事业财政支出的增加,对农村居民消费的影响比较大,对拉动农村居民消费的作用比较明显。② 而对农村教育的支出对于促进农村消费也具有重要作用,"农村劳动力受教育年限每增加 1% ,其消费随之将增加 0.2453% ,说明农村劳动力教育资本投资在促进收入提高的同时,也较大程度地改变了农村居民的消费习惯和观念,带动了消费水平的上升。"③

除了农民的收入水平和长期形成的消费习惯以外,消费环境也是影响农村居民消费水平的重要因素。完善的基础设施建设能够为农村居民消费创造良好的消费环境,降低消费成本、扩大消费空间。比如吴丹、朱玉春利用2008 年中国健康与养老追踪调查(CHARLS)中的家庭和社区数据,运用多层

① 张霄:《农村公共物品投资的消费效应实证研究——基于河南省的样本分析》,《中南财经政法大学学报》2010 年第 4 期。

② 李中生、汪垚:《中国农村公共产品供给与农民消费规模相关性的实证分析》,《通化师范学院》,2010 年第 11 期。

③ 吴卿昊、邓宗兵:《农村公共产品供给对农村居民消费的影响研究——基于人力资本视角》,《西南大学学报》(自然科学版)2015 年第 6 期。

模型对农村公共产品供给对农户家庭消费影响进行了实证研究,他们的研究结果表明,"农村交通、燃料基础设施的改善和村级公共财政支出的增加有利于促进农村家庭的消费。公交线路条数越多,农村家庭耐用消费品越多;有管道天然气或煤气的村庄,家庭平均耐用消费品种类数多0.6;村公共财政支出越大,家庭耐用消费品越多。"①

总之,与城市相比,农村消费还处于较低水平,城乡消费水平还有一定差距,而增加农村公共产品供给能够提升农村基础设施建设状况、改善农村消费环境、增加农民收入从而提高农村居民的消费水平,可以说,农村公共产品供给对于农村消费具有重要影响,是提高农村消费水平的重要途径。

📖 本章小结

分析农村公共产品的概念和价值实际上是本课题研究的逻辑起点。农村公共产品是具有一定非排他性和非竞争性的、能够满足农民共同生产生活需要的产品。根据不同的标准,农村公共产品可以分为准公共产品和纯公共产品、全国受益的公共产品和地区受益的公共产品、实物形态的公共产品和非实物形态的公共产品等。为农民提供公共产品的过程就是农民享受公共服务的过程。增加农村公共产品供给对于改善农村落后状况、促进农村经济社会发展以及扩大农村消费需求从而促进我国经济健康、可持续发展都具有重要价值。正因为如此,分析农村公共产品供给中的乡镇政府责任问题不仅具有重要的理论意义,而且具有重要的现实意义。

---

① 吴丹、朱玉春:《公共产品供给对农村家庭消费的影响——基于多层模型的实证研究》,《南京农业大学学报》(社会科学版)2012年第1期。

第二章

农村公共产品供给中乡镇政府责任的
立论依据

分析农村公共产品供给中乡镇政府责任的立论依据也就是分析基于什么依据来研究农村公共产品供给中的乡镇政府责任问题，或者说提出农村公共产品供给中乡镇政府责任问题的根据是什么。

一、理论依据：服务型政府建设

党的十六大第一次把政府职能归结为四项内容：经济调节、市场监管、社会管理和公共服务。2004年2月在中央党校省部级主要领导干部"树立和落实科学发展观"专题研究班结业式上，时任国务院总理温家宝在讲话中第一次提出要"努力建设服务型政府"，指出强化公共服务职能，"就是提供公共产品和服务，包括加强城乡公共设施建设，发展社会就业、社会保障服务和教育、科技、文化、卫生、体育等公共事业，发布公共信息等，为社会公众生活和参与社会经济、政治、文化活动提供保障和创造条件，努力建设服务型政府。"2006年10月党的十六届六中全会通过的《中共中央关于构建社会主义和谐社会若干重大问题的决定》指出："建设服务型政府,强化社会管理和公共服务职能。"这是第一次在党的中央全会文件中明确提出建设服务型政府的要求。2007年党的十七大明确指出："加快行政管理体制改革,建设服务型政府。"2012年党的十八大指出："要按照建立中国特色社会主义行政体制目标,深入推进政企分开、政资分开、政事分开、政社分开,建设职能科学、结构优化、廉洁高效、人民满意的服务型政府。"2017年党的十九大进一步指出："转变政府职能,深化简政放权,创新监管方式,增强政府公信力和执行力,建设人民满意的服务型政府。"

（一）服务型政府的内涵与理论基础

1. 服务型政府的内涵

在学界研究中,既有学者使用"服务型政府"的概念,也有学者使用"公共服务型政府"的概念,笔者认为,虽使用概念不同,但二者在含义上并无实质差别,只是表述不同而已。按照现代汉语词典的解释,"服务"一词的基本涵义是指"为集体(或别人)利益或为某种事业而工作"。在目前我国学术界关于"服务型政府"概念定义中,主要存在着三种不同层面或不同角度对"服务"涵义的定位:一是基于价值理念的层面或角度,将"服务"定位于公民本位和社会本位的服务价值理念的树立;二是基于具体职能的层面或角度,将"服务"理解为是从经济建设职能向公共服务职能的转变;三是基于工作方式的层面或角度,将"服务"定位于扩大服务项目、集中服务提供、改善服务态度等政府服务工作方式的采用。[①]

对于服务型政府的理解,扶松茂、竺乾威认为,公共服务型政府是公共性

---

① 参见黄爱宝:《"服务型政府"不只是转变工作方式》,《长江日报》2007年11月22日第12版。

与服务性在社会管理中的体现,其中,"公共性"是公共服务型政府理论研究的起点,"服务性"是公共服务型政府的本质。[1] 迟福林认为,"公共服务型政府"的基本内涵是"为社会提供基本而有保障的公共产品和有效的公共服务,以不断满足广大社会成员日益增长的公共需求和公共利益诉求,在此基础上形成政府治理的制度安排"[2]。刘熙瑞认为,"服务型政府是在公民本位、社会本位理念指导下,在整个社会民主秩序的框架下,通过法定程序,按照公民意志组建起来的以为公民服务为宗旨并承担着服务责任的政府。"[3]姜晓萍认为,"以人为本""执政为民"是服务型政府的治理理念,由"全能政府"向"有限政府"转变是服务型政府的发展目标,"依法行政"是服务型政府的行为准则,"顾客导向"是服务型政府的服务模式,"违法必究"是服务型政府的问责机制。[4]

结合以上观点,我们可以将服务型政府界定为:所谓公共服务型政府就是把以人为本作为基本价值取向,以依法行政为准则,以不断满足社会公共需求和公共利益诉求为核心目标,为社会公众提供公正、高效、透明、满意服务的政府。

2. 服务型政府的主要理论基础

(1)新公共管理理论。20 世纪 30 年代初期,为了应对经济危机,面对市场之手的失灵,美国政府首先伸出政府之手,全面干预经济和社会生活。凯恩斯主义帮助以美国为首的西方资本主义国家渡过了经济危机。但其后随着政府之手作用范围的扩大,政府规模也越来越大,财政支出越来越多,与之

---

[1] 扶松茂、竺乾威:《公共服务型政府建设若干问题的思考》,《苏州大学学报》2011 年第 5 期。

[2] 迟福林:《全面理解"公共服务型政府"的基本涵义》,《人民论坛》2006 年第 3 期。

[3] 刘熙瑞:《服务型政府——经济全球化背景下中国政府改革的目标选择》,《中国行政管理》2002 年第 7 期。

[4] 姜晓萍:《论"服务型政府"的基本内涵》,《四川行政学院学报》2004 年第 2 期。

相比,政府的行政效率反而越来越低下。20世纪70年代,为了改变这种状况,加之经济陷于"滞胀"状态,英美等国开始对政府管理进行改革,这场改革被称为新公共管理运动,其指导思想即新公共管理理论。新公共管理理论强调充分发挥市场的作用,以企业家精神、市场化和社会化为导向对政府管理进行改革,强调政府的作用是"掌舵"而不是"划桨",指出,提供服务并不是政府的义务,政府的义务是保证服务提供得以实现。既然以企业家精神改革政府,那么相应地社会公众就是政府服务的顾客。新公共管理理论的提出,改变了传统的政府与社会公众关系的定位。

应当说,新公共管理理论是在一定历史条件下,为了解决资本主义国家遇到的政府机构膨胀、财政支出扩大、行政效率低下而产生的理论。尽管这一理论存在一定弊端,如混淆政府与企业的根本区别,但是该理论强调充分发挥市场的作用、努力提高政府效率的思想对于服务型政府的建立还是具有一定借鉴意义。

(2)新公共服务理论。新公共服务理论是由美国行政学者罗伯特·登哈特和珍妮特·登哈特夫妇首次提出的,它是在不断地与新公共管理理论进行争论和批判中产生和发展起来的,其理论基础是民主社会的公民权理论、社区和市民社会模型、后现代公共行政理论等,其核心价值是在公共管理改革中倡导参与式的国家模式,强调保护公民自由,充分发挥民主特别是直接民主机制的作用。新公共服务理论的基本原则包括:政府是服务而不是掌舵;公共利益是目的而不是副产品;政府应战略地思考,民主地行动;政府应服务于公民,而不是顾客;责任不是一个简单的概念;尊重人的价值,而不仅仅重视生产力的价值;尊重公民与公共服务的价值,重视企业家精神的价值。

登哈特夫妇阐述的新公共服务的理念,是对新公共管理理论的一种直接回应,也是对公共价值倡导传统的一种回归和超越。它的直接目的在于促进公共服务的尊严和价值,重新确立民主、公民权和公共利益的价值观为公共行政的价值观。①

（3）治理理论。20世纪70年代以来,西方社会经济社会发展的危机以及政府管理的危机,推动了治理理论的出现。治理是各种公共机构和私人机构共同管理公共事务的总和,它主要通过合作、协商、伙伴关系、确立共同的目标等方式实施对公共事务的管理,其实质是建立在市场原则、公共利益和认同之上的合作,其管理机制不再主要依靠政府的权威,而是依靠政府与社会的合作,具有多个权威主体。治理理论的基本观点包括:公共管理主体的多元化,公共管理虽然需要政府,但公共管理主体不仅仅是政府,而且还包括各种公共的和私人的机构;公共管理主体之间责任和界限的模糊性,政府将原来由其承担的责任转移给各种私人部门或非政府组织,私人部门和非政府组织也可以参与社会管理,从而使政府与社会之间、公共部门和私人部门之间的界限和责任日益变得模糊;自主网络的形成,各种公共机构为实现共同目标而增强相互之间的依赖性,并为实现资源交换和共同目标进行谈判,从而形成一个自主的网络;政府不仅是社会治理的主体,而且担当着对其他治理主体进行治理的责任,对社会治理方式做出宏观安排,承担"元治理"的角色。"治理理论蕴含了政府与社会共治的思想,表明政府不再是也不应该是公共事务治理的唯一主体,面对日益增多的公共事务和全面快速增长的社会公共服务需求,必须变革仅靠政府自身力量的单一治理模式,充分发挥各种社会力量形成多元社会主体共同治理公共事务和提供公共服务的新模式。"②

（二）服务型政府的特征

服务型政府的特征包含以下几个方面:

---

① 汪大海编著:《西方公共管理名著导读》,中国人民大学出版社2011年版,第284页。
② 何水:《社会组织参与服务型政府建设:作用、条件与路径》,中国社会科学出版社2015年版,第64页。

首先,服务型政府是民主法治的政府。社会主义国家的一切权力属于人民。这一理念从本质上决定了服务型政府应该是民主型政府。人民作为国家政治权力的所有者,将权力委托给政府去行使,政府应充分运用这种权力承担起为人民服务的责任。所以坚持以人为本指导理念,在公共服务过程中充分依靠人民、发扬民主、尊重民众需求是服务型政府建设的政治前提。民主和法治作为现代社会的两大主题,相互之间有着密不可分的联系,民主是法治的目标,法治是民主的保障。党的十九大报告指出:"全面依法治国是中国特色社会主义的本质要求和重要保障。必须把党的领导贯彻落实到依法治国全过程和各方面,坚定不移走中国特色社会主义法治道路,完善以宪法为核心的中国特色社会主义法律体系,建设中国特色社会主义法治体系,建设社会主义法治国家,发展中国特色社会主义法治理论,坚持依法治国、依法执政、依法行政共同推进。"民主政府的理念客观上要求政府的一切工作都应守法,同时政府的运作过程也应合法,并以依法行政作为衡量政府行政能力的一个重要指标。在服务型政府建设的过程中,政府也应遵守法律法规对政府职能范围的界定,既不能有任何超越宪法和法律的特权,又要认真履行法律规定的职责,积极承担政府责任。所以服务型政府在坚持人民主权民主理念的同时,还要坚持依法行政的法治理念,真正成为一种民主法治型的政府。

其次,服务型政府是有限责任政府。有限责任政府是指政府的职能、政府的权力以及政府的作用范围和对象都是有限的,政府不能包揽一切,而且政府的行为要符合法律规范,要受到社会的一定约束。与有限责任政府相对应的是全能型政府,计划经济体制时期我国的政府即是一种全能型的政府。在国家与社会的关系上,作为国家的代表,全能型政府在城市通过"单位",在农村通过"人民公社——生产大队"这样的体制全面控制社会,而社会则高度依附从属于国家。作为国家代表的政府垄断着所有社会资源,并管理社会生活中的一切方面。在这种社会治理模式下,任何民间组织、任何公民个人的力量都是无法与政府相抗衡的。因而,全能型的政府管了很多不该管、管不了也管不好的事,结果导致公民和社会权利受损。相反,有限责任政府奉行的理念是,政府在法律规范以及其力所能及的范围内提供符合公民需求和社会发展需要的公共服务,明确界定政府与社会、政府与市场的界限。"说白了,就是市场能办的,多放给市场。社会可以做好的,就交给社会。政府管住、管好它应该管的事。"①因此,公共服务型政府应该是有限责任政府,政府在其职能和权利范围内积极寻求与其他社会治理主体的合作,让市场与社会充分发挥在社会管理中的作用。

再次,服务型政府是积极回应的政府。能否对社会的要求和公众的需求做出积极的回应是衡量政府工作效能的一个标志。传统管制型政府是单向输出型政府,即在与社会的沟通关系上,只有政府对社会的输出,而没有社会对政府的输入。与传统管制型政府只注重单向输出不同,服务型政府是"输入——输出"双向回应的政府,即能够使社会公众积极参与政府管理过程,强调政府对社会公共需求和公众利益诉求的积极回应。在公共行政过程中政府往往会通过主动向社会和公众征求意见和建议、解释公共政策、对社会公众的疑问进行解答等形式,及时了解、吸收和反馈民众的需求,这就克服了传统政府行政活动的僵化性、封闭性以及对社会需求回应的滞后性,突出了现代公共行政的开放性、灵活性。而且作为回应性的政府,其职能角色也会发生转变,即由传统的公共资源的控制者和社会的统治者,转变为良好市场环境的塑造者和公共服务的提供者。因此,具有回应性的政府能够为社会和民众提供满足其生活和发展需要的更高效和更优质的服务。

最后,服务型政府是协调高效的政府。衡量政府行政效果和能力的标准

---

① 李克强:《把错装在政府身上的手换成市场的手》,http://news. xinhuanet. com/2013lh/2013 - 03/17/c_115053461. htm。

除了政府的回应性外,另一个重要的指标便是政府工作的高效性和协调性。长期以来,我国政府普遍缺乏竞争意识,行政成本一直居高不下,政府部门虽多,但很多事处于无人管的状态,"有事无人干、有人无事干"现象突出,导致行政效率低下。而且政府作为社会管理的主导者没能充分发挥合理的协调作用,使得经济社会发展中的不协调和利益分配不平衡现象日益严重,这不仅制约了政府的改革发展,也严重阻碍了我国社会发展。建设服务型政府就是要降低政府行政成本、提高行政效率,追求行政效能的最大化。此外,在运作方式上,服务型政府引入市场竞争机制,充分发挥私人部门和非政府组织的作用,在公共产品的供给过程中,形成政府部门与私人部门之间以及政府部门与非政府组织之间既相互竞争又相互合作的格局,以提高公共服务供给的效率。在这个过程中,政府就需要平衡不同利益主体的利益关系,促进社会的协调发展。

(三)服务型政府建设的意义

服务型政府建设既是中国社会转型的必然要求,又是中国顺应全球范围行政改革潮流的需要。从国内看,中国当前所处的社会转型期产生了许多发展不平衡的问题、存在不和谐的因素,迫切要求全面改革政府管理体制,以建设社会主义和谐社会;从国际上看,全球范围的政府管理革新也对中国政府现行管理体制改革提出了要求。

1. 建设服务型政府是构建社会主义和谐社会的要求

长期以来,由于过多地强调经济发展目标,因而经济因素成为国家社会生活中的核心驱动因素。运用经济手段来解决政治问题、社会问题也成为主要的手段。这种经济手段的过度运用,造就了中国传统的经济发展模式,即追求经济增长的速度与经济总量,靠经济发展来解决政治问题、社会问题。

中国的传统经济发展模式导致了社会发展过程中的许多误区:政府只关注GDP 的增长,忽略了经济增长的负效应,造成了经济增长与社会发展的失衡、效率与公平失衡,资源消耗严重、环境污染问题突出;在公共服务的提供上,政府没有担当起自身职责,在"市场化"的旗号下把本该由政府提供的部分公共产品盲目地推向市场和社会,导致基本公共服务缺失,难以满足社会公众需求;政府作为社会管理的主体,在解决社会矛盾时没能充分发挥应有的作用,特别是在应对群体性事件时,缺乏科学应对措施,导致社会矛盾恶化,出现危机。构建社会主义和谐社会,迫切要求政府改变这些传统发展的误区,尽快完成从原来的全能型、管制型政府向有限型、服务型政府转变。这就需要政府进一步协调好经济发展与社会发展的关系,集中精力和财力发展社会事业,扩大公共产品供给;进一步加大对公共基础设施建设、基础教育、公共卫生、生态环境保护等民生领域的资金投入和政策支持。建设公共服务型政府就是要使政府真正成为优质公共产品的提供者、良好经济社会环境的创造者和保护者、广大人民群众利益的维护者,全面促进我国社会主义和谐社会的建设。

2. 建设服务型政府是解决社会发展不平衡问题的要求

党的十九大报告指出:"中国特色社会主义进入新时代,我国社会主要矛盾已经转化为人民日益增长的美好生活需要和不平衡不充分的发展之间的矛盾。"从 1978 年改革开放到 2018 年的 40 年间,我国已经实现了从计划经济体制向社会主义市场经济体制的转型,我国社会主义市场经济体制的日臻完善使得我国经济发展水平快速提高,人民生活水平也得到了极大的改善。但是在经济快速发展的同时,社会发展的不平衡也在加剧,而且这种不平衡已经成为影响社会稳定的重要因素。这是党的十九大提出我国社会主要矛盾转化的主要原因之一。社会发展不平衡主要表现在:第一,城乡发展不平衡,城市发展水平明显高于农村发展水平。这不仅体现在城乡面貌的差别,而且体现在城市居民与农村居民收入水平和消费水平的不平衡上。"城市像欧洲,农村像非洲"一度成为城乡面貌差别的生动写照,城市居民人均可支配收入与农村居民人均纯收入之比一直没有明显缩小的趋势。此外,在财政投资的非农偏向政策下,城乡公共产品供给不平衡,农村居民一直没有享受到与城市居民平等的公共服务,没有享受到同等的国民待遇。第二,地区发展不平衡。东、中、西部地区以及沿海地区与老、少、边、穷地区的经济发展存在较大差距。而即使是在一个省域内部,差距也十分明显,如山东省东中西部的经济发展差距。第三,产业发展不平衡。虽然我们一直强调农业的基础地位,特别是中央提出解决好农业农村农民问题是全党工作重中之重,但是基层政府并没有对农业给予应有的重视,多数地方政府重视的还是能够带动GDP较快增长的工业发展。加之国家对农业财政投入有限,这就导致了农业发展的基础仍然薄弱。而在所有的不平衡中,城乡发展的不平衡是最大的不平衡,农业农村发展的落后状况从根本上制约着我国经济社会的发展,制约着全面建成小康社会的实现。

总之,城乡发展不平衡、地区发展不平衡以及产业发展不平衡仍然十分突出。为改变这种发展的不平衡状况,关键是要明确界定政府职能,改革政府管理方式,建设服务型政府,以更好地满足人民日益增长的美好生活需要。

3. 建设服务型政府是适应世界行政改革潮流的需要

前面书已经论及,20 世纪 70 年代,新公共管理运动在英美等西方国家兴起,"新公共管理理论一提出,立即得到了西方国家政府的响应。之所以会出现这种情况,那就是新公共管理理论更呵护资本主义精神,更能在资本权益的实现中发挥作用。"①而且随着全球化和信息化的发展,这一改革浪潮还在持续。尽管各国在政府改革的内容和方式上存在着一定的差异,但是改革的

---

① 张康之:《我们为什么要建设服务型政府》,《行政论坛》2012 年第 1 期。

根本目的都是相似的,即以提高公共服务效能、降低服务成本为目标,强化政府的服务意识,改革政府服务机制,创新政府服务方式。无论是新公共管理理论所提倡的将市场竞争机制引入政府,实现政府"掌舵"与"划桨"分开,还是新公共服务理论所推崇的政府角色应定位于"服务"而非"掌舵",它们强调的都是对公共服务方式的创新,为社会和公众提供更高效、更优质的公共服务。全球范围行政改革潮流也促使我国政府必须进行改革。服务型政府作为我国政府管理改革的目标以及公共服务理论与实践模式的创新,具有鲜明的中国特色,既吸收了新公共管理理论在政府管理中引入市场机制的做法,又吸收了新公共服务理论的突出政府公共服务的价值理念,充分体现了我国政府对公共价值理念的追求。

二、现实依据：农业农村发展阶段

关于我国农业农村发展阶段,学界有一定的研究成果,如蔡昉等把中国农业分为三个阶段,即解决食品供给问题阶段、解决农民收入问题阶段以及解决农业生产方式问题阶段,并且认为前两个阶段已经完成,我们正处在第三个阶段[①]。蒋和平等曾对 2003 年不同省份农业现代化所处阶段进行测算评价,认为"2003 年我国农业现代化建设发展的阶段总体上处于发展期,其中

---

① 蔡昉、王美艳:《从穷人经济到规模经济——发展阶段变化对中国农业提出的挑战》,《经济研究》2016 年第 5 期。笔者认为,实际上,很难把中国农业发展的哪一个阶段界定为解决农民收入阶段,因为提高农民收入始终是农业农村发展的主线,就如《乡村振兴战略规划(2018—2022 年)》所提出的"把维护农民群众根本利益、促进农民共同富裕作为出发点和落脚点,促进农民持续增收"。

上海、北京农业现代化发展水平处于最高阶段——成熟期；天津、浙江、江苏、山东等12个省区市处于农业现代化发展的发展期；吉林、黑龙江、安徽、四川等17个省区市处于农业现代化发展的起步期。"①这些研究对于认识我国农业农村发展阶段具有重要意义。在本书中，我们从城乡关系角度和农村经济自身发展角度进行分析。

（一）我国农业农村发展所处阶段

1. 基于城乡关系角度对我国农业发展阶段的理解

城乡关系是理解农业农村发展阶段的重要视角。2018年9月21日，中共中央政治局就实施乡村振兴战略进行第八次集体学习，习近平在主持学习时强调："没有农业农村现代化，就没有整个国家现代化。在现代化进程中，如何处理好工农关系、城乡关系，在一定程度上决定着现代化的成败。"

关于农业的发展阶段，C. Peter Timmer 基于美国和西欧等国家农业发展的过程提出了"四阶段"论，即对农业的投入阶段、农业资源流出阶段、农业与宏观经济的整合阶段、对农业的反哺阶段。实际上其对农业发展阶段的划分也是基于城乡之间的关系。与西方国家的农业发展阶段不同，中国的农业发展有自己的过程和特点。基于城乡关系的演变，新中国成立后，由于特定的历史环境和时代条件的制约，中国农业发展在初始时期并没有经历 Peter 所描述的第一阶段即对农业的投入阶段，而是直接进入了农业资源的流出阶段。中国的农业发展大体可以分为三个阶段：

第一阶段，从1949年至1978年，农业资源的净流出阶段。新中国成立初期，虽然农村土地曾经完全分配给了农民，实现了农民对土地的个人所有，但

---

① 蒋和平、辛岭、黄德林：《中国农业现代化的发展阶段》，《科技与经济》2006年第4期。

是这一过程非常短暂。从 1953 年开始进行合作化到 1956 年三大改造完成，农村土地重新收归集体所有。其后，经过 1958 年人民公社化，农民由分散的小农实现了高度组织化。为了实现我国的工业化，农村成为工业化的资源库。而人民公社体制的建立、农民的高度组织化也大大减少了国家从农村汲取资源时与农民进行交易的成本，因而，国家顺利地从农村汲取了大量的资源。可以说，这一时期，为了发展战略的需要，国家财政对农业农村的投入非常有限，我国农业发展基本上处于资源的净流出阶段。

在人民公社体制下，农民基本上处于被强制的劳动状态下，由"一大二公"的体制决定，农民基本没有劳动的积极性，农业劳动效率非常低。加之农村处于资源净流出的阶段，因而，贫困落后成为大多数中国农村的常态。"1978 年，中国农业产值比重 28.2%，劳动力比重则高达 70.5%，计算得出的农业的比较劳动生产率（该产业的产值比重与劳动力比重的比率）为 0.40，仅为第二产业（2.77）的 14.4% 和第三产业（1.96）的 20.4%。农村未能实现温饱的人口则高达 2.5 亿。"[①]

第二阶段，从 1978 年到 2006 年，从农业资源净流出到城乡关系开始调整阶段。由于农村的贫困落后，中国的农民面临的首要问题就是如何解决吃饭的问题。从 1958 年人民公社化运动到 1978 年 20 年间，人民公社体制虽然在解决农村较大受益范围的水利工程等方面发挥了巨大效益，但是在农业生产方面，人民公社体制发挥作用实在有限。实际上，在人民公社时期，部分地区的农民曾经一度想突破人民公社体制的政策约束，但是未能实现。1978 年，安徽凤阳小岗村的 18 位村民冒着危险分田到户，拉开了我国农村改革的序幕。其后，家庭联产承包责任制在全国实行。1984 年我国就实现了农业大丰

[①]　蔡昉、王美艳：《从穷人经济到规模经济：发展阶段变化对中国农业提出的挑战》，《经济研究》2016 年第 5 期。

收,农村出现了卖棉难、卖粮难。但是1978年农村改革后,农村还是处于资源净流出阶段,并且,这一时期的农村资源流出更加显性化。人民公社时期的农村资源流出是通过工分、义务工、工农业产品剪刀差等形式实现。而1978年之后农村资源的流出就是通过税费、提留统筹、集资摊派的形式实现。1990年之后,农民负担不断加重,导致农村社会矛盾凸显。在这种情况下,我国开始进行农村税费改革。2004年党的十六届四中全会提出了"两个趋向"的论断,2004年底的中央经济工作会议又进一步指出:"我国总体上已经到了以工促农、以城带乡的发展阶段。"2005年党的十六届五中全会提出了扎实推进社会主义新农村建设的要求。由此,我国城乡关系开始调整。

第三阶段,从2006年至今,从对农业的反哺到城乡融合发展阶段。2006年1月1日起,我国在全国范围内全部免除农业税。农业税的免除不仅意味着延续2600多年的皇粮国税的取消,而且意味着我国城乡关系的重大调整,意味着农村不再是资源的流出地。并且,我国不仅取消了农业税,而且对农业开始进行各种补贴,如粮食直补、良种补贴、农机补贴、农资综合直补等。这就说明,在工业反哺农业、城市支持农村的政策引领下,农村开始成为资源的流入地。因而,2006年之后我国用于"三农"的财政资金不断增加,农村面貌不断改善,农村经济不断发展。

2007年党的十七大提出要:"建立以工促农、以城带乡长效机制,形成城乡经济社会发展一体化新格局"。2012年党的十八大则提出:"形成以工促农、以城带乡、工农互惠、城乡一体的新型工农、城乡关系。"2018年中央一号文件进一步指出:"加快形成工农互促、城乡互补、全面融合、共同繁荣的新型工农城乡关系。"可以看出,从党的十七大到十八大再到2018年中央一号文件,党中央对新型城乡关系的表述有了很大不同,这体现了党中央对新型城乡关系认识的深化。认识深化最大的意义就在于不再把城乡作为对立的二元世界来看待,而是作为一元的整体来看待,最终实现工业与农业的互相促进、城市与乡村的互相补充,城乡全面融合、共同繁荣。这一新型城乡关系的界定表明,乡村的发展繁荣不仅仅是乡村本身的需要,而且也是城市发展繁荣的需要和重要前提条件。因而,工业的发展必须要促进农业的发展,城市的发展必须要补充乡村的发展。

2. 基于农村经济自身发展阶段的理解

就农村经济自身而言,其发展可以分为四个阶段,即起步阶段、成长阶段、成熟阶段和稳定阶段。吴永明、许莉运用模糊数学理论,选取了人均GDP、GDP 年增长率、产业结构、就业结构、城乡结构、消费结构等指标,对我国1980—2008 年间的农村经济发展阶段作了评判。[①] 在此,我们使用其我国农村经济发展综合评判矩阵,并认可其结论。

表 2 – 1　我国农村经济发展阶段综合评判矩阵(1980—2008 年)

组别	80 ~ 89	81 ~ 90	82 ~ 91	83 ~ 92	84 ~ 93	85 ~ 94	86 ~ 95	87 ~ 96	88 ~ 97	89 ~ 98
V1	0.5100	0.4975	0.4850	0.4725	0.4450	0.4175	0.3900	0.3690	0.3405	0.3120
V2	0.3425	0.3550	0.3670	0.3800	0.3950	0.4025	0.4175	0.4260	0.4420	0.4505
V3	0.1475	0.1475	0.1475	0.1475	0.1600	0.1675	0.1675	0.1675	0.1675	0.1750
V4	0.0000	0.0000	0.0000	0.0000	0.0000	0.0125	0.0250	0.0375	0.0500	0.0625
组别	90 ~ 99	91 ~ 00	92 ~ 01	93 ~ 02	94 ~ 03	95 ~ 04	96 ~ 05	97 ~ 06	98 ~ 07	99 ~ 08
V1	0.2835	0.2400	0.1965	0.1530	0.1245	0.0960	0.0675	0.0450	0.0450	0.0300
V2	0.4590	0.4825	0.5060	0.5295	0.5505	0.5790	0.6075	0.6300	0.6300	0.6300
V3	0.1825	0.1900	0.1975	0.2050	0.2000	0.2000	0.2000	0.2000	0.2000	0.2150
V4	0.0750	0.0875	0.1000	0.1125	0.1250	0.1250	0.1250	0.1250	0.1250	0.1250

在上表中,V1 V2 V3 V4 分别代表农村经济发展的起步、成长、成熟和稳定阶段。在进行数据分析的时候,吴永明、许莉采用 10 年移动法,即从 1980

---

① 吴永明、许莉:《农村公共产品供给模式选择的实证分析——基于经济发展阶段的判断》,《金融与经济》2014 年第 3 期。

年开始,以 10 年的数据为一组,按组进行判别,依次将起始年移动 1 年,得到另外的其他组,按类似方法进行判别,最后对所有组的结果进行综合评判。

他们得出的主要结论就是,从我国农村经济发展阶段综合评判矩阵可以看出,在 1980—1989 年,农村经济起步阶段的隶属度为 0.5100,而到了 1999—2008 年,隶属度则已经下降为 0.0300。而成长阶段的隶属度则由 1980—1989 年的 0.3425 上升为 0.6300。成熟阶段的隶属度相应地由 0.1475 上升为 0.2150。稳定阶段的隶属度则由 0.0000 上升到 0.1250。由此可以得出,我国农村经济的发展,已经摆脱了起步阶段,正处于成长阶段,但是远不成熟,更谈不上稳定发展。

笔者认为,他们的分析基本上反映了我国农村经济发展所处的阶段。农村经济发展阶段评判的意义就在于,既然我国农村经济还不成熟,更谈不上稳定发展,因而,还不能依靠农村经济自身的发展解决农村公共产品供给问题,而必须主要依靠政府作用的发挥。

(二)政府责任担当是农业农村发展阶段的必然要求

根据上文论述,无论是从城乡关系的角度还是从农村经济自身发展阶段角度来看,农业农村发展都需要国家财政资源的输入。由农业农村发展阶段决定,农村公共产品供给必须由政府承担主要责任。而经过改革开放 40 多年的发展,我国已经具备足够的财政能力支撑政府承担起这一责任。就如习近平总书记在 2018 年 9 月主持中央政治局第八次集体学习时指出的:40 年前,我们通过农村改革拉开了改革开放大幕。40 年后的今天,我们应该通过振兴乡村,开启城乡融合发展和现代化建设新局面。

从经济发展指标来看,1978 年我国国内生产总值为 3678.7 亿元,人均国内生产总值为 385 元;2018 年我国国内生产总值为 900309.5 亿元,人均为 64644 元。2018 年的国内生产总值是 1978 年的 244.74 倍,2018 年的人均国内生产总值为 1978 年的 167.91 倍。

表 2-2　1978-2018 年我国国内生产总值

年份	国民总收入(亿元)	国内生产总值(亿元)	人均国内生产总值(元)
1978	3678.7	3678.7	385
1979	4100.5	4100.5	423
1980	4587.6	4587.6	468
1985	9123.6	9089.9	866
1990	18923.3	18872.9	1663
1995	60356.6	61339.9	5091
2000	99066.1	100280.1	7942
2005	185998.9	187318.9	14368
2010	411265.2	413030.3	30876
2011	484753.2	489300.6	36403
2012	539116.5	540367.4	40007
2013	590422.4	595244.4	43852
2014	644791.1	643974.0	47203
2015	686449.6	689052.1	50251
2016	741140.4	744127.2	53980
2017	820099.5	820754.3	59201
2018	896915.6	900309.5	64644

数据来源:相关年度《中国统计年鉴》。

再从一般公共预算数据来看,1978 年我国一般公共预算收入为 1132.26 亿元,2018 年为 183359.84 亿元,2018 年的一般公共预算收入为 1978 年的 161.94 倍。其中中央一般公共预算收入,2018 年为 85456.46 亿元,是 1978 年 175.77 亿元的 486.18 倍;地方一般公共预算收入,2018 年为 97903.38 亿元,是 1978 年 956.49 亿元的 102.36 倍。

总之,从我国农业农村发展阶段来看,需要政府在农村公共产品供给中承担主要责任。而从我国经济发展实力来看,无论是国内生产总值还是一般公共预算收入,1978 年至今都有了巨大提高,因而政府有足够的能力承担起农村公共产品供给的责任。

三、制度依据：乡镇政府的应然责任

（一）政府责任的理解

责任意指职责和任务，"责任总是与选择行动和某种价值相关，这意味着责任是根据一定行动者所占据的位置和所承担的角色来确定"①。政府责任也就是政府作为公共权力的代表者在履行职能的过程中所应承担的职责和任务。从性质上来讲，政府责任的基本属性就是宪法性，"从宪法理论的角度看，政府责任的宪法性，指宪法所规定的政府的根本性质，即政府是对谁负责的政府"②。

"根据人民主权的一般原理，人们不可能直接行使管理国家事务和社会公共事务的权力，而只能通过一定的程序和规则选举出来的国家权力主体——政府——行使。政府在获得权力的同时，也就承担了相应的责任。"③基于此，当一个政府履行了自己所应承担的职责和任务时，我们就可以说这个政府是负责任的政府，或称之为责任政府。积极承担自身责任是现代政府所应具备的最基本品质。

美国行政伦理学家库珀把政府责任分为客观责任和主观责任，"客观责

---

① 金东日：《政府责任及其实现途径的研究视角分析》，《上海行政学院学报》2016年第4期。

② 蒋劲松：《责任政府新论》，社会科学文献出版社2005年版，第4页。

③ 胡肖华：《走向责任政府——行政责任问题研究》，法律出版社2006年版，第1页。

任与从外部强加的可能事务有关;而主观责任则与那些我们自己认为应该为之负责的事务相关"①。政府的客观责任包括法律责任、政治责任和行政责任,主观责任实际上是道德责任,是"以自我约束形式表现出来的行政人员对公共行政理念的追求,它激励并推动着行政人员精神的升华"②。政府的法律责任是指政府机关及其工作人员应当遵守法律法规。政府的政治责任是指政府必须对民主的需求做出及时回应,采取积极措施,公正、有效地实现公众的需求和利益,认真践行对公民的责任。行政责任就是政府基于其行政职能而承担的责任,是行政主体职责缺失的法律后果。③ 实际上,当我们笼统地提及政府责任时,主要是指政府机关及其工作人员依照法律规定,为满足社会公共需求,积极承担的政治责任。

(二)乡镇政府应然责任的制度文本考察

农村公共产品供给中的乡镇政府责任是指在农村公共产品供给中,乡镇政府为实现农民的公共利益所应承担的职责和任务。决定农村公共产品供给中乡镇政府责任的因素,一是乡镇政府在政府行政系统中所处的地位,二是乡镇政府的角色。就乡镇政府所处地位而言,乡镇政府在政府层级中处于最末端;就乡镇政府角色而言,虽然处于政府层级最末端,但作为一级政府,乡镇政府也是公共权力的代表者。

分析乡镇政府在农村公共产品供给中的应然责任,实际上也就是要分析乡镇政府在农村公共产品供给中应该承担哪些职责和任务,或者说在理论上,乡镇政府的职责应该是哪些。分析应然责任是为了与现实中乡镇政府的实然责

---

① ［美］库珀:《行政伦理学——实现行政责任的途径》,张秀琴译,中国人民大学出版社2001年版,第63页。
② 胡肖华:《走向责任政府——行政责任问题研究》,法律出版社2006年版,第16页。
③ 吴爱明主编:《地方政府学》,武汉大学出版社2009年版,第140—141页。

任进行对比,以更好地探讨乡镇政府在农村公共产品供给中的责任缺失。

乡镇政府在农村公共产品供给中的应然责任主要体现在相关法律及制度规定中。在我国的最高法律层面,对乡镇政府的职能并没有明确界定。在我国《宪法》第五节"地方各级人民代表大会和地方各级人民政府"中,第一百零五条规定,"地方各级人民政府是地方各级国家权力机关的执行机关,是地方各级国家行政机关"。第一百零七条规定:"县级以上地方各级人民政府依照法律规定的权限,管理本行政区域内的经济、教育、科学、文化、卫生、体育事业、城乡建设事业和财政、民政、公安、民族事务、司法行政、计划生育等行政工作,发布决定和命令,任免、培训、考核和奖惩行政工作人员。乡、民族乡、镇的人民政府执行本级人民代表大会的决议和上级国家行政机关的决定和命令,管理本行政区域内的行政工作。"由以上条文可以看出,我国《宪法》对县级以上地方各级人民政府的权限有规定,而对乡镇政府的权限,论述非常简单。

我国《地方各级人民代表大会和地方各级人民政府组织法》规定:"乡、民族乡、镇的人民政府行使下列职权:(一)执行本级人民代表大会的决议和上级国家行政机关的决定和命令,发布决定和命令;(二)执行本行政区域内的经济和社会发展计划、预算,管理本行政区域内的经济、教育、科学、文化、卫生、体育事业和财政、民政、公安、司法行政、计划生育等行政工作;(三)保护社会主义的全民所有的财产和劳动群众集体所有的财产,保护公民私人所有的合法财产,维护社会秩序,保障公民的人身权利、民主权利和其他权利;(四)保护各种经济组织的合法权益;(五)保障少数民族的权利和尊重少数民族的风俗习惯;(六)保障宪法和法律赋予妇女的男女平等、同工同酬和婚姻自由等各项权利;(七)办理上级人民政府交办的其他事项。"与我国《宪法》对乡镇政府的职权界定相比,《地方各级人民代表大会和地方各级人民政府组织法》的界定就相对详细了很多,《地方各级人民代表大会和地方各级人民政府组织法》规定了乡镇七个方面的职权,其中第二个方面的规定与《宪法》中对县级以上地方人民政府权限的规定基本相同。

党的十八届三中全会通过的《中共中央关于全面深化改革若干重大问题的决定》在论述加快转变政府职能时指出:"加强中央政府宏观调控职责和能力,加强地方政府公共服务、市场监管、社会管理、环境保护等职责。"[①]在顶层制度设计上,这是中央首次对中央政府和地方政府职能进行区分,突破了以往对政府职能无论是中央政府还是地方政府都笼统地一起表述的现象,这是对长期以来中央与地方政府职能高度同构的改变。当然,这仅仅是在制度文本表述上开始改变职能同构现象,在实践层面,则还未实现。特别值得注意的是,公共服务职责排在地方政府职责的首位,发展经济更是没有出现在地方政府的职责界定之中。作为地方政府组成部分并且是最典型地方政府的乡镇政府,公共服务职责亦应是其首要职责。

在党的十八届三中全会精神的基础上,2017 年 2 月,中共中央办公厅、国务院办公厅印发的《关于加强乡镇政府服务能力建设的意见》对乡镇政府职责进一步进行了明确界定,即提出强化乡镇政府的服务职能,可见国家层面对于乡镇政府职能转变、建设服务型政府的重视。根据这个文件,乡镇政府主要提供以下基本公共服务:巩固提高义务教育质量和水平,改善乡村教学环境,保障校园和师生安全,做好控辍保学和家庭经济困难学生教育帮扶等基本公共教育服务;推动以新型职业农民为主体的农村实用人才队伍建设,加强社区教育、职业技能培训、就业指导、创业扶持等劳动就业服务;做好基本养老保险、基本医疗保险、工伤、失业和生育保险等社会保险服务;落实社

---

① 在这一论述中,对于中央政府提的是"职责和能力",而对于地方政府提的是"职责",由此可以看出,在中央层面强调更是地方政府应该担负的责任。并且,《地方各级人民代表大会和地方各级人民政府组织法》对乡镇政府用的是"职权"这一概念,从"职权"到"职责",可以看出政府管理理念从"权力本位"向"责任本位"的回归。

会救助、社会福利制度和优抚安置政策,为保障对象提供基本养老服务、残疾人基本公共服务,维护农民工、困境儿童等特殊人群和困难群体权益等基本社会服务;做好公共卫生、基本医疗、计划生育等基本医疗卫生服务;践行社会主义核心价值观,继承和弘扬中华优秀传统文化,加强对古村落、古树名木和历史文化村镇的保护和发展,健全公共文化设施网络,推动全民阅读、数字广播电视户户通、文化信息资源共享,组织开展群众文体活动等公共文化体育服务。乡镇政府还要提供符合当地实际和人民群众需求的农业农村经济发展、农民基本经济权益保护、环境卫生、环境保护、生态建设、食品安全、社会治安、矛盾纠纷化解、扶贫济困、未成年人保护、消防安全、农村危房改造、国防动员等其他公共服务。县级政府要制定乡镇政府公共服务事项目录清单,特别是要把扶贫开发、扶贫济困等任务列入清单,明确服务对象和要求。

这个《意见》主要是通过列举的方式对乡镇政府服务职责进行界定,乡镇政府应提供的主要公共服务包括六个大的方面:公共教育服务职能、社会保险服务职能、特殊群体服务职能、基本医疗卫生服务职能、公共文化体育服务职能以及其他服务职能。与《宪法》和《地方各级人民代表大会和地方各级人民政府组织法》比较而言,《关于加强乡镇政府服务能力建设的意见》对乡镇政府在公共服务方面的职责规定更为详细。当然,虽然更为详细,但是在这六个大的方面如何操作还需要细化。因而,《意见》同时提出,省级政府结合实际研究确定乡镇政府推行权力清单和责任清单工作,推进乡镇政府依法全面履行职责。另外需要指出的是,这一《意见》主要是针对农村公共产品中的"软"公共产品而言,对乡镇政府在农村基础设施建设方面的职责基本没有涉及。

(三)农村公共产品供给中乡镇政府承担的应然责任

概而言之,为农民提供农村公共产品、使农民享受公共服务是乡镇政府的重要职责,乡镇政府也应该担当起农村公共产品供给的责任。根据《关于加强乡镇政府服务能力建设的意见》等制度文本,乡镇政府在农村公共产品供给中的应然责任主要体现在以下方面:

第一,基础设施建设方面:区域内农田水利建设及维护管理,区域内乡镇投资公路的建设与维护、农村自来水设施建设与维护、农村通村组和通农户公路建设(需要说明的是,在农村基础设施建设方面,部分财政投资是通过县级政府职能部门实施,如农田水利建设、公路建设等,那么对于上级政府职能部门不能投资的部分,则需要乡镇政府投资建设)以及宽带网络、物流等基础设施建设;不断改善农村公共交通服务,协助推进农村客运网络化和线路公交化,协助推动城乡客运一体化。

第二,农村基础教育方面:在以县为主的义务教育管理体制下,乡镇政府应为乡村基础教育教学创造良好社会环境,依法维护学校周边秩序,保障校园和师生安全;根据我国《义务教育法》,乡镇政府也应将义务教育经费纳入预算,保证义务教育经费的投入,在基础设施条件等方面巩固提高义务教育质量和水平;组织和督促适龄儿童、少年入学,采取有效措施防止适龄儿童、少年辍学,减少辍学率,关注农村留守儿童,为其提供教育支持,对于家庭困难学生做好控辍保学和教育帮扶等服务工作,努力提高农村受教育年限和水平。

第三,农村医疗卫生方面:增加对医疗卫生的投入,不断提高乡镇卫生院医疗条件和医疗水平,提高医护人员与人口的比例,提高床位数与人口的比例;提高乡村卫生室密度和医疗条件,强化乡镇卫生院的公共卫生职能,加强对农村卫生室的监管和指导;提高疾病预防控制能力和应急管理能力,有效预防和控制传染病、地方病,提高公共卫生服务水平;以农村集市、农村社区超市、农村中小学校周边食品安全卫生等为重点,加强卫生监管。

第四,农村公共文化方面:健全、完善乡镇文化站和农村文化大院等公共文化场所,加大经费投入,完善硬件设施建设,加强乡村文化骨干建设,组织开展群众文体活动等公共文化体育服务;践行社会主义核心价值观,继承和弘扬中华优秀传统文化特别是优秀乡土文化,保护乡村文化遗产包括非物质文化遗产,加强对古村落、古树名木和历史文化村镇的保护和发展,健全公共文化设施网络,通过推进数字广播电视户户通、全民阅读等工程,实现文化信息资源共享。

第五,农业科技推广与职业技能培训方面:健全乡镇农技站等农业科技推广服务网络和机构,配齐乡镇和村两级农业科技推广服务技术人员,通过培训学习等方式不断提高服务人员水平;推动以新型职业农民为主体的农村实用人才队伍建设,突出对农民的农业科技指导和培训,同时加强职业技能培训、就业指导、创业扶持等劳动就业服务。

第六,养老等基本社会服务方面:加大对农村养老服务的投入力度,提高乡镇敬老院、农村养老机构的专业化服务水平和服务能力,推进医养结合;提高新型农村养老保险的参保率,稳定新型农村合作医疗保险的参保水平,做好新农保、新农合政策落实工作;做好育龄妇女生育保险等社会保险服务,提高育龄妇女服务水平;落实农村困难群体和特殊群体的社会救助、社会福利制度和优抚安置政策,为保障对象提供基本养老服务、残疾人基本公共服务;维护农民工、留守儿童等特殊人群和困难群体权益等基本社会服务。

第七,农村社会安全方面:能够有效排查化解农村社会矛盾,消除农村生产和生活安全隐患,突发事件能够得到及时处置,有效控制每万人安全生产死亡人数,自然灾害及时有效预警。

第八,农村环境保护方面:配合环保部门加强区域内污染企业的治理;推动农村人居环境整治,推进农村卫生厕所改造与建设,农村污水能够有效治理,实现农村畜禽养殖的规范化、环保达标;做好秸秆还田等综合利用工作,抓好大气污染防治。

第九,农民需求意愿整合方面:宣传、组织、指导并监督农村"一事一议"

的开展;农村公共产品供给的信息能够公开;相关决策能够广泛征求农民以及村民代表的意见,做到公开决策、透明决策。

总之,乡镇政府应该成为乡村有效治理的主体。在农村公共产品供给中,乡镇政府应当承担重要责任,但是这并不是说乡镇政府是唯一的供给主体,也并不意味着乡镇政府能够承担起农村公共产品供给的所有责任。但是,相对于村民自治组织、其他农村社会组织以及农民个人等供给主体,乡镇政府是最重要的主体,因而,乡镇政府应当承担起农村公共产品供给的重要和主要责任。

📖 本章小结

农村公共产品供给中乡镇政府责任的立论基础在于服务型政府建设、我国农村经济社会发展阶段以及法律制度对乡镇政府职责的规定。服务型政府建设要求政府必须以公共利益为目标,积极转变职能,努力回应社会公众诉求,强化公共服务责任。我国农村经济社会发展还处于成长阶段,远未成熟,还需要政府在农村公共产品供给中承担主要责任。在制度层面,农村公共产品供给中乡镇政府的应然责任主要体现在我国相关法律对乡镇政府职责的界定中。为农民提供农村公共产品、使农民享受公共服务是乡镇政府的重要责任,乡镇政府也应该担当起农村公共产品供给的责任,但是这并不是说乡镇政府是唯一的供给主体,也并不意味着乡镇政府能够完全承担起农村公共产品供给的所有责任。但是,相对于村民自治组织、其他农村社会组织以及农民个人等供给主体,乡镇政府是最重要的供给主体。

第三章

农村公共产品供给与乡镇政府责任
存在的问题分析

在本章,我们首先要对农村公共产品供给存在的问题进行分析,通过这一分析,进一步凸显农村公共产品供给中乡镇政府责任的重要性。换言之,如果农村公共产品供给不存在任何问题、能够完全满足农民需求,那么探讨农村公共产品供给中的乡镇政府责任则没有意义。并且,通过分析农村公共产品供给存在的问题,更能说明乡镇政府责任的缺失。因而,可以为更好地分析乡镇政府责任存在的问题奠定基础。

农民是农村公共产品的需求主体,那么当前的农村公共产品供给能否满足农民需求?农民对农村公共产品的需求偏好如何?农民对农村公共产品供给的满意度如何?这些问题需要从农民的角度进行分析。因而,对于农村公共产品供给存在的问题,我们将从总体和农民视角两个层面进行分析。

一、农村公共产品供给存在的问题分析

自 2004 年至 2020 年,中共中央连续发布了 17 个中央一号文件聚焦"三农"问题,可以看出中央对于解决"三农"问题的高度重视。这 16 个中央一号文件在增加农村公共产品供给、提升农村公共服务水平方面提出了明确要求,出台了一些具体政策措施,如 2008 年中央一号文件《中共中央 国务院关于切实加强农业基础建设进一步促进农业发展农民增收的若干意见》就明确提出"推进城乡基本公共服务均等化是构建社会主义和谐社会的必然要求。必须加快发展农村公共事业,提高农村公共产品供给水平。"《意见》提出,坚持把国家基础设施建设和社会事业发展的重点转向农村,《意见》对加强小型农田水利建设、推进农业科技研发与推广、繁荣农村公共文化、发展农村公共交通等方面提出了具体要求。再如 2011 年中央一号文件《中共中央 国务院关于加快水利改革发展的决定》和 2015 年中央一号文件《中共中央 国务院关于加大改革创新力度加快农业现代化建设的若干意见》等,对加强农村基础设施建设从而增加农村公共产品供给、提升农村公共服务水平都起到了重要推动作用。总之,随着统筹城乡发展战略的实施和工业反哺农业、城市支持农村政策的深入落实,国家对农业农村的财政投入不断加大,农村公共产品供给状况不断得到改善。如"十二五"期间,中央不断增加对农村水利的投入,并适当提高了中央投资补助比例。中央通过水利部门安排的农村水利投资达 2937 亿元,是"十一五"期间的 2.6 倍。同时,地方财政投入明显加大。据统计,"十二五"期间,地方各类农村水利年均投入都在 1500 亿元以上。① 再如，"十八大以来的 5 年，全国新建改建农村公路达到 127.5 万公里，农村'出行难'问题得到了大大的改善，农村老百姓得到了实实在在的获得感、幸福感"②。正因为财政投入力度不断加大，因而农村公共产品供给水平不断提高。

可以说，近些年来，农村无论是水电路等基础设施建设还是教育医疗等公共服务，都取得了较大进展，我国的公共产品供给也开始逐渐由城乡二元供给体制和城乡"差序格局"朝着城乡一元供给体制和城乡一体格局转变。但是，尽管如此，农村公共产品供给在某些方面存在的问题仍十分突出。

（一）农村公共产品供给存在问题的总体分析

一方面，农村基础设施建设问题还是制约农业农村发展的短板和瓶颈。对水电路等基础设施建设虽然近几年国家加大了投入力度，但是仍存在一定短板，特别是农田水利建设方面，虽然这些年来每年国家都投入大量财政资金，但是作用有限。根据农业农村部网站公布的数据，2015 年年末我国实有耕地面积 134998.70 千公顷，而当年度有效灌溉面积为 60377.90 千公顷，有效灌溉面积占实有耕地面积的 44.7%。③ 其中，农村基础设施的"最后一公里"问题尤其突出。如根据《科技日报》2015 年 1 月 6 日报道，在河南省唐河县，"2012 年度小型农田水利工程，中央、省配套资金 1600 万元，工期 120 天，然而截至目前这项工程仍未能投入使用，一些设施损毁严重，导致 2014 年度大旱时，部分庄稼绝收。"④因而，农田水利建设滞后仍是制约我国农业发展和

---

① 《中国农业年鉴 2016》，中国农业出版社 2017 年版，第 17 页。
② 《补齐农村基础设施短板，夯实乡村振兴发展基础》，《东方城乡报》2018 年 3 月 6 日第 3 版。
③ 农业农村部网站数据频道，http://zdscxx. moa. gov. cn:8080/misportal/public/dataChannelRedStyle. jsp。
④ 《别让农田水利干涸在"最后一公里"》，《科技日报》2015 年 1 月 6 日第 5 版。

粮食安全的最大因素。根据《第三次全国农业普查主要数据公报》,2016 年末,全国仅有 11.9% 的村通天然气,25.1% 的村有电子商务配送站点,16.6% 的乡镇有体育场馆,59.2% 的村有体育健身场所。

除供给总量不足外,由于政府管理不到位等责任缺失造成的供给质量问题也比较突出。虽然国家对农业农村投入了大量的财政资金,但是这些财政资金的投入并非全部取得了较好的产出效益。虽然农村公共产品供给数量有所增加,但是部分公共产品质量较低,根本无法满足农民生产生活和农村社会事业发展需要。如根据《楚天都市报》2018 年 8 月 30 日报道,湖北省恩施州咸丰县是 2012 年度中央财政小型农田水利工程建设重点县,获批项目总投资达 2600.5 万元,其中,中央财政建设补助专项资金 1500 万元,省级配套资金 800 万元;受益区域是黄金洞乡、清坪镇的 10 个村庄。项目早在 2013 年 7 月就宣告完工了,至今已经过去整整五年。项目规划受益区域的村民们向记者反映,五年来,他们根本没受益,庄稼年年在减产。咸丰县黄金洞乡金洞寺村、马柳溪村的村民们说,他们只是在项目验收时,看到田间的喷头喷过水。那以后,五年里,就再也没见过喷水了。当年,拨给青坪镇太平坝村的项目资金达 400 多万元。这个村的村民也说,这五年都没见过喷水。项目 2013 年建成后,2014 年 9 月,就遭遇当地 50 年一遇的洪水,把整个管网都冲毁了。咸丰县清坪镇水利管理站工作人员坦言,2014 年洪灾过后,县里拨付的资金只够维修主管网,田间管道没有得到维修。[①] 再如山东省蓬莱市是高效节水灌溉试点县,从 2011 年开始,在全市多个乡镇投资喷灌滴灌工程。招标公告显示,2011、2012、2013 年,这个项目总投标金额 1.18 亿多元。但是这些投资过亿的水利工程却没有发挥作用,用村民的话来说,那些水利工程"就是个摆

---

① 《咸丰农田水利灌溉工程成摆设》,《楚天都市报》2018 年 8 月 30 日第 A02 版。

设,管子都让人偷了"。① 类似例子还有很多,如河南省尉氏县洧川镇,该镇2016 年小型农田水利工程建设完工接近一年,机井一直不能使用,18 个行政村庄的机井就没有接上电,也没有主管部门测试过,国家投资 2000 多万的惠民工程,建好不能用,成摆设。②

农村公路建设质量问题同样突出。如按照高标准设计的"扶贫路",有的也成了豆腐渣工程。连接"黄河三峡"的甘肃折达公路,投资近 16 亿元,本来是条旅游路、扶贫路,但通车不久就被网民质疑建设标准和质量打了折扣,存在严重的安全隐患。相关部门进行"整改"的措施竟然只是刷了涂料。③ 所以说,政府虽然对农业农村投入了大量财政资金,提供了一定数量的公共产品,但是由于部分农村公共产品供给质量较差,因而无法满足农业生产和农民生活需要,这些财政资金的使用完全成为公共财政资源的浪费。

除农村基础设施,农村社会事业发展与城市差距也十分明显。随着新型农村合作医疗、新型农村养老保险等政策的实施,农民虽开始享受到越来越多的公共服务,但是与城市相比,无论是农村基础教育、农村医疗卫生还是农村养老保险,农村都与城市差距明显。以每千人口卫生技术人员数为例,1980年,城市为 8.03,农村为 1.81,城市与农村比例为 4.44。2000 年,城市为5.17,农村为 2.41,二者之比为 2.15。这一比例也是 1980 年至今的最低比,这一最低比的形成除了农村每千人口卫生技术人员的增加外,更主要的是城市每千人口卫生技术人员数量的下降。其后,虽然农村每千人口拥有卫生技术人员不断增加,但是城市增加幅度更大。因而,城市与农村之比逐步扩大。

---

① 《蓬莱上亿元水利设施成摆设,果农灌溉需抢闸抢水》,人民网,http://society.people. com.cn/n/2015/0416/c136657-26851991.html。

② 《国家惠农投资两千万元小型农田水利工程成摆设》,http://law.dzshbw.com/2017/re-dianzhuizong_0608/53324.html。

③ 《国家道路及桥梁质检中心对甘肃折达公路全线进行检测》,http://www.xinhuanet. com/2018-04/04/c_1122634922.htm。

2010 年,城市为 7.62,农村为 3.04,比例为 2.51;2016 年,城市为 10.79,农村为 4.04,比例为 2.67。显然,在卫生技术人员数量上,城市比农村拥有了更多资源。

表 3 - 1　每千人口卫生技术人员数

年份	城市(人)	农村(人)	城市与农村之比
1980	8.03	1.81	4.44
1985	7.92	2.09	3.79
1990	6.59	2.15	3.07
1995	5.36	2.32	2.31
2000	5.17	2.41	2.15
2005	5.82	2.69	2.16
2006	6.09	2.70	2.26
2007	6.44	2.69	2.39
2008	6.68	2.80	2.39
2009	7.15	2.94	2.43
2010	7.62	3.04	2.51
2011	7.90	3.19	2.48
2012	8.54	3.41	2.50
2013	9.18	3.64	2.52
2014	9.70	3.77	2.57
2015	10.21	3.90	2.62
2016	10.79	4.04	2.67

数据来源:《中国统计年鉴 2017》,根据第 706 页整理。

再以每千人口医疗卫生机构床位数为例,2010 年城市为 5.94 张,农村为 2.60 张,比例为 2.28;2016 年,城市为 8.41 张,农村为 3.91 张,比例为 2.15,城乡之比虽呈下降趋势,但不明显。这就说明,在卫生机构床位数这一医疗资源分配方面,农村的劣势地位基本保持不变。而从每千农村人口乡镇卫生院床位数来看,与城市的差距则更为明显。

表3-2　每千人口卫生机构床位数　　　　　单位:张

年份	城市	农村	每千农村人口乡镇卫生院床位数
2010 年	5.94	2.60	1.12
2011 年	6.24	2.80	1.16
2012 年	6.88	3.11	1.24
2013 年	7.36	3.35	1.30
2014 年	7.84	3.54	1.34
2015 年	8.27	3.71	1.24
2016 年	8.41	3.91	1.27

数据来源:《中国统计年鉴2017》,第708页。

在农村义务教育方面,城乡差距同样明显。义务教育接近于纯公共产品[①],应该由中央政府或者省级政府承担供给责任,虽然我国在1986年就通过了《中华人民共和国义务教育法》,但是当时的这一法律并不完善。并且1986年的这一法律规定地方各级人民政府按照国务院的规定,在城乡征收教育事业费附加。教育事业附加费的征收实质上是将本应由政府承担的义务教育支出责任转嫁到了农民身上,这不仅加重了农民负担,而且使义务教育偏离了公共性。"在2006年之前的20多年里,义务教育供给责任不断下移,乡镇政府和村级组织成为农村义务教育实质上的供给主体,承担了约78%的教育经费,实际上可能更高,而县级、省级和中央承担的教育经费比例仅为

---

① 学界对于义务教育的公共产品属性问题还存在一定争议,既有义务教育是纯公共产品的观点,也有义务教育是准公共产品以及是私人产品的观点。相关观点可参见邵泽斌、张乐天:《存在于公共物品与私人物品连续谱系中的义务教育》,《教育研究与实验》2008年第2期;孟航鸿:《关于义务教育的公共物品属性研究》,《财政研究》2009年第3期;冉亚辉:《论基础教育公共性的必然》,《教学与管理》2015年第6期;唐建琼:《义务教育是公共产品吗》,《当代经理人》2006年第13期。

9%、11%和2%。由于农村经济总量和农民收入水平的限制,特别是实行税费改革和免除农业税后,农村义务教育陷入极大困境。"①直到2006年修订《义务教育法》后,才确立了"平民教育""大众教育"的基本理念和"合理配置教育资源,促进义务教育均衡发展"的目标,并确立了义务教育实行国务院领导,省、自治区、直辖市人民政府统筹规划实施,县级人民政府为主管理的体制。并且2006年的《义务教育法》明确提出,义务教育是国家统一实施的所有适龄儿童、少年必须接受的教育,是国家必须予以保障的公益性事业。实施义务教育,不收学费、杂费。这就明确了义务教育的公益性本质,表明政府开始承担义务教育的主体责任,实现义务教育向公共性的回归。但是目前义务教育的城乡差距依然明显,直接导致了城乡居民受教育水平的差距,"从16—64周岁人口接受过高中及以上教育的情况看,城乡教育差距有扩大的趋势。根据国家统计局第五、六次人口普查数据来看,2000年,16—64周岁的城市人口中,高中及以上受教育程度的比例为43.4%,而当年乡村人口16—64周岁且接受过高中及以上教育的比例仅有8.5%,不足前者的1/5;经过10年的发展,2010年城市中16—64周岁人口接受高中及以上教育的比例增加到了52%,比2005年增加了9.6个百分点,而在乡村这一比例仅有12.2%。"②还有学者研究,从1995年至2013年近20年间,中国城乡之间的教育差距不但没有随着经济社会发展而缩小,反而有扩大趋势,6岁以上人口平均受教育水平测量人口受教育的程度,"从1995年相差2.37年扩大到2013年相差3.12年。从各省来看,有15个省份表现出明显的城乡差距扩大现象,差距的绝对值相对于1995年平均受教育水平扩大10%以上;9个省份的城乡差距小

---

① 耿华萍、刘祖云:《城乡义务教育非均衡发展现实归因的理论思考》,《南京社会科学》2016年第4期。

② 白云丽、张林秀、罗仁福、刘承芳:《城乡教育差距与扶贫挑战》,《科技促进发展》2017年第6期。

幅扩大,扩大程度在 10% 以内;只有 5 个省份出现了差距小幅缩小的现象。"①

总之,总体上来看,无论是农村基础设施建设还是农村医疗卫生、义务教育等社会事业发展都存在一定问题。

(二)农村公共产品供给存在问题的实证分析：农民视角

上书在总体上分析了农村公共产品供给状况特别是存在的问题,那么基于农民视角农村公共产品供给又存在哪些问题? 下面我们就基于对农民的问卷调查进行分析。

1. 数据来源

考虑到调查数据的真实性和可获得性,问卷调查主要由本科生利用暑假和寒假时间完成。问卷调查的时间为 2016 年 1 月至 2017 年 8 月。问卷调查省份包括山东、云南、贵州、四川四个省以及广西壮族自治区共五个省区。山东省的问卷涵盖了山东省从东部青岛、烟台等市到中部潍坊、济南等市再到西部菏泽、德州等市所有的 17 个地市,调查共发放问卷 700 份,回收问卷 615 份,有效问卷 546 份。云南、贵州、四川、广西四省区共发放问卷 500 份,回收问卷 477 份,有效问卷 411 份。山东省和西部四省的回收问卷共计 1092 份,有效问卷共计 957 份,有效问卷占回收问卷的比例为 87.6%。在下书的论述中,我们以西部地区这四个省代表西部省份,称为西部地区,以山东省代表东部省份,称为东部地区。在对农村公共产品供给状况进行整体分析的同时,对东西部供给所存在的明显差异情况进行分析。

问卷调查的主要内容是关于农村水利设施建设、农村公路建设、农村电网建设、农业科技服务、农村公共卫生和环境质量、农村公共文化服务等农村

---

① 黄维海、刘梦露:《城—镇—乡人口教育差距的演变及影响机制》,《教育经济评论》2016 年第 3 期。

公共产品供给状况、农民对农村公共产品供给的满意度、农民需求意愿以及农村公共产品供给决策方式等问题。我们利用 SPSS 对调查问卷的数据进行统计分析。在 957 份有效问卷中，男性 483 人，占 50.5%，女性 474 人，占 49.5%。从调查问卷对象的年龄结构来看，30 岁及以下的为 238 人，31 岁至 45 岁的为 293 人，46 岁至 60 岁的为 301 人，60 岁以上的为 125 人，所占比例分别为 24.9%、30.5%、31.5% 和 13.1%。从问卷对象的学历构成来看，小学及以下 264 人，初中 339 人，高中及中专 185 人，大专以上 169 人，小学及以下和初中学历占到 63%，反映出农民受教育水平整体上还是比较低。在问卷对象的家庭收入方面，家庭年收入 10000 元以下 172 人，10000 元至 20000 元 254 人，20000 元至 30000 元 262 人，30000 元以上 269 人，从家庭收入主要来源来看，以打工收入为主的比例最高，有 539 人，比例为 56.3%，其次为以养殖、种植经济作物收入为主的 236 人，占 24.7%，然后分别为以粮食收入为主 163 人，以国家低保等收入为主的 19 人。

表 3-3 调查对象基本特征

统计指标		频数（人）	比例（%）	统计指标	频数（人）	比例（%）
年龄	30 岁及以下	238	24.9	1 万元以下	172	18.0
	31 至 45 岁	293	30.5	家庭收入 1 万至 2 万元	254	26.5
	46 至 60 岁	301	31.5	2 万至 3 万元	262	27.4
	60 岁以上	125	13.1	3 万元以上	269	28.1
学历	小学及以下	264	27.6	粮食收入	163	17.0
	初中	339	35.4	家庭收入主要来源 种植经济作物、养殖	236	24.7
	高中或中专	185	19.3	打工	539	56.3
	大专及以上	169	17.7	国家低保	19	2.0

调查对象基本特征也反映出我国东西部地区农民收入差异情况，通过下

面表3-4和表3-5的统计可以看出,年收入在1万元以下的比例,东部地区为14.1%,而西部地区为23.1%,高了9个百分点。年收入3万元以上的比例,东部地区为32.2%,而西部地区为22.6%,相差近10个百分点。可见,我国东西部之间农民收入差距还是比较明显。

表3-4　东部地区农民收入情况

		频数（人）	百分比（%）	有效的百分比（%）	累积百分比（%）
有效	10000元以下	77	14.1	14.1	14.1
	10000-20000元	148	27.1	27.1	41.2
	20000-30000元	145	26.6	26.6	67.8
	30000元以上	176	32.2	32.2	100.0
	总计	546	100.0	100.0	

表3-5　西部地区农民收入情况

		频数（人）	百分比（%）	有效的百分比（%）	累积百分比（%）
有效	10000元以下	95	23.1	23.1	23.1
	10000-20000元	106	25.8	25.8	48.9
	20000-30000元	117	28.5	28.5	77.4
	30000元以上	93	22.6	22.6	100.0
	总计	411	100.0	100.0	

2.农村公共产品供给取得的成绩

(1)农村基础设施建设有了一定改观。关于农村基础设施状况,问卷主要是针对农村水、电、路等建设情况。根据问卷统计结果,在农田水利建设方面,81.5%的调查对象认为自己所在的农村地区能够旱涝保收,62.8%的调查对象认为自己所在农村地区拥有水库、河道等水利工程,这与前书论述的我国在总体上一半左右的农田靠天吃饭有所不同。在农村用电方面,农村生产生活用电有了基本的保障,认为自己所在农村从不停电的调查对象所占比例为 7.2%,认为很少停电的比例为 88.3%,二者占了所有调查对象的 95.5%,只有 4.5% 的调查对象认为自己所在农村经常停电。并且,认为本村内电网的覆盖面积达到了 90% 以上的调查对象所占比例为 78.2%,调查对象认为本村内电网覆盖面积低于 60% 的只有 6.2%。在农村道路建设方面,还有 7.6% 的调查对象所在村道路为土路,所在村道路为柏油或水泥路的比例为 79.7%,为沙石路的比例为 12.7%。与前几年相比,总体而言,绝大多数农民认为农村道路建设有一定进步,根据统计结果,40.5% 的调查对象认为农村道路建设有显著进步,42.3% 的调查对象认为稍有进步,认为差不多的占 14%,认为退步的只有 3.2%。从问卷反映的总体情况来看,可以说,农村水、电、路等基础设施建设状况有了一定改观。之所以有此改观,关键就在于政府投入的增加,特别是对于农业生产和农民生活至关重要的农田水利建设和公路建设,国家财政投入力度持续加大。以山东省农田水利建设为例,"近年来,山东省农田水利基本建设投入急剧增加,年均增幅保持在 12% 左右,2012 年度突破了两百亿元,2015 年度资金投入达到 288 亿元,据统计,'十二五'期间农田水利基本建设累计投入资金 987 亿元,其中,公共财政投入 740 余亿元,占总投资的 75% 以上"[①]。再以山东省农村公路建设为例,2009 年燃油税费及交通财务管理体制改革以来,山东省持续加大省级农村公路投入。"改革 5 年来,山东省省级财政累计投入资金 240.14 亿元支持农村公路建设,是改革前的 2.2 倍。"[②]因此,政府财政投入的增加是农村基础设施建设改观的关键。

(2)新型农村合作医疗制度实施政策效果显著。2002 年,中央明确提出

---

① 《山东通报全省农田水利建设情况 2015 年资金投入达 288 亿元》,http://news. iqilu. com/shandong/yuanchuang/2016/0601/2822180. shtml。

② 《山东财政采取有力措施持续加大农村公路投入》,http://www. chinahighway. com/news/2014/878280. php。

建立新型农村合作医疗制度,并从2003年开始推开,新型农村合作医疗制度的最主要目标就是大病统筹,解决农民患大病后经济负担过重因病致贫、因病返贫甚至难以承担看病成本而看不起病的问题。自新型农村合作医疗制度实施以来,特别是随着国家财政补助标准的不断提高以及异地就医联网结报等政策的不断完善,农民参加新农合的比例、新农合报销比例也不断增长,可以说,这一政策有效解决了农民看病难、看病贵的问题,有效减轻了农民负担,取得了较好的政策效果。根据调查问卷统计结果,对于是否参加新型农村合作医疗,选择参加的农民占调查对象的比例为93%,只有7%的农民没有参加。那么参加新农合后生病报销的金额对于农民负担来说有多大缓解作用呢? 认为起到了很大缓解作用的农民占调查对象的20.9%,认为起到一定缓解作用的农民占62.8%,只有16.3%的农民认为新农合的作用不大。

在新型农村合作医疗政策的实施效果不断显现的同时,城乡居民医保整合工作也不断推进。比如截至2014年底,山东省就已经完成了全省17市地的城乡居民医保整合工作。2016年1月3日,国务院印发《关于整合城乡居民基本医疗保险制度的意见》,提出了整合城乡医保政策"六统一"的要求,其中一条就是统一城乡保障待遇,这就意味着中国的农民在医疗保障政策上已经一定程度享受到了与城市居民同等的公共服务。据此,无论是在参合率方面还是在报销比例方面,新型农村合作医疗制度都基本实现了政策目标,有效解决了农民看病难、看病贵的问题。

(3)农村生活环境状况改善明显。与城市环境的整洁漂亮相比,"脏、乱、差"曾经是农村生活环境状况的典型特征,而这也是农村难以留住人才,导致农民"用脚投票"流入城市的重要原因。因而,农村生活环境状况不仅直接影响到农民生活质量,而且是制约农村经济社会发展的重要因素。根据调查问卷统计结果,认为自己所在村庄环境状况非常干净的调查对象所占比例为9.3%,认为比较干净的调查对象比例为72.7%,认为不干净的只占18%。关于农村垃圾处理情况,79.9%的调查对象所在村有公共垃圾箱或垃圾场,86.7%的调查对象对生活垃圾的处理方式是集中放入某一固定场所。对农村环境卫生状况的满意度,调查对象认为很满意的比例为7.4%,认为比较满意的比例为67%,二者合计为74.7%。因而,从总体来看,农村环境卫生状况改善明显,农民的满意度也比较高。之所以如此,原因之一就在于各级政府对农村环境卫生重视程度的提高,如山东省在2011年开始实施"乡村文明行动",促进了农村环境卫生状况的改善。至2015年底,山东省就实现了城乡环卫一体化全覆盖,农村人居环境有了很大改观。但是在这一方面,我国东西部也存在一定差距,如西部地区问卷中,调查对象认为村庄环境状况不干净和对环境卫生状况不满意的程度都高于问卷总体比例。西部地区四省411份问卷中,6.3%的调查对象认为村庄环境卫生非常干净,68.1%认为比较干净,认为不干净的为25.6%。

表3-6　西部地区村庄环境状况

问题	选项	频数	比例(%)
您认为您目前居住的村庄的环境状况是什么	非常干净	26	6.3
	比较干净	280	68.1
	不干净	105	25.6
	总计	411	100.0

同时,在西部地区问卷中,62.3%的调查对象所在村有公共垃圾箱或垃圾场,74.4%的调查对象对生活垃圾的处理方式是集中放入某一固定场所。对环境卫生的满意度,很满意的占6.6%,比较满意的占59.9%。由此,可以看出东西部地区农村生活环境状况存在一定差距。

表 3 – 7　西部地区农村公共卫生满意度

问题	选项	频数	比例（%）
您对当前农村公共卫生现状是否满意	很满意	27	6.6
	比较满意	246	59.9
	不满意	138	33.5
	总计	411	100.0

　　正因为农村公共产品供给状况不断改善，因而，农民对于供给状况的满意度总体较高。根据问卷统计，对目前农村公共产品供给的满意程度，选择"非常满意"的占有效问卷的 3.1%，选择"基本满意"的占有效问卷的 62.7%，不满意占 34.2%，选择"非常满意"和"基本满意"的占到问卷总数的接近三分之二（表 3 – 8）。需要说明的是，西部地区问卷中，不满意的比重稍高，达到 40.3%。

表 3 – 8　农村公共产品供给的满意程度

问题	选项	频数（人）	比例（%）
您对当前农村公共产品供给的满意程度是什么	非常满意	30	3.1
	基本满意	600	62.7
	不满意	327	34.2

　　同时，根据数据分析发现，农民收入情况与农村公共产品满意度呈正相关。农民收入越低，对农村公共产品供给的满意度越低。如家庭年收入在 10000 元以下的农民对农村公共产品供给"不满意"的比例为 40.12%，10000 元至 20000 元的这一比例为 34.65%，20000 元至 30000 元的这一比例为 34.00%，30000 元以上的这一比例为 30.11%。可以看出，随着收入增加，农民对农村公共产品供给"不满意"的选择逐步降低。农民收入与对农村公共产品供给满意度呈正相关，收入越高的农民对农村公共产品供给状况越认同。据此可以认为，增加农村公共产品供给能够促进农民收入增

长,而随着收入不断提高,农民也会对农村公共产品供给状况给予积极
评价。

表3-9　农民收入情况与农村公共产品供给满意度交叉列表

		公共产品供给满意度			总计
		非常满意	基本满意	不满意	
收入	10000 元以下	3	100	69	172
	10000—20000 元	9	157	88	254
	20000—30000 元	10	165	89	262
	30000 元以上	18	178	81	269
总计		30	600	327	957

3. 农村公共产品供给存在的问题

虽然农村公共产品供给取得了一定成绩,供给状况有了一定改观,农民
满意度总体较高,但是存在的问题也十分突出,特别是农村公共产品供给的
结构性短缺问题,比如农业科技服务、农村公共文化服务的供给短缺,以及新
型农村养老保险政策实施的困境、"自上而下"的决策方式导致供给偏离农民
需求等方面。

(1)农业科技服务供需失衡突出。对于"您在目前的农业生产经营中最
短缺的是什么"这一问题(表3—10),在957份问卷中,有402人选择的是农
业技术,所占比例为42%,排在第一位。排在第二位的是资金,243人选择此
项,占25.4%。然后依次分别是信息和销售渠道,选择人数分别为157人和
155人,所占比例为16.4%和16.2%。这说明农业科技服务还远远满足不了
农民需求。与此相一致的问卷结果就是,39.3%的调查对象所在村庄从不举
办农业科技咨询和培训活动,55.4%的调查对象所在村庄很少举办此类活动,
只有5.3%的调查对象选择经常举办。

表 3 – 10　农业生产经营中的项目最短缺情况

问题	选项	频数（人）	比例（%）
您在目前的农业生产经营中最短缺的是什么	农业技术	402	42.0
	资金	243	25.4
	信息	157	16.4
	销售渠道	155	16.2

　　农业技术不仅是农民在农业生产经营中最短缺的项目,而且也是主要农村公共产品项目中农民最急需的。对于"您认为以下对于农民和农村最急需的一项是什么"这一问题,在农业科技服务、医疗卫生、农村义务教育、道路和水利工程等基础设施四个选项中,选择人数最多、排在第一位的仍是农业科技服务,为339人,所占比例为35.4%。其次分别是医疗卫生、道路和水利工程等基础设施建设、农村义务教育,所占比例分别为25.7%、20.9%和18.0%。

表 3 – 11　您最急需的农村公共产品是什么

问题	选项	频数（人）	比例（%）
您认为以下对于农民和农村最急需一项是什么	农业科技服务	339	35.4
	医疗卫生	246	25.7
	道路和水利工程等基础设施	200	20.9
	农村义务教育	172	18.0

　　农业科技服务之所以供需失衡突出,主要原因就在于长期以来我国对农业科技服务的财政投入有限。以山东省为例,"2008年,山东省用于农民培训3000万元,2011年增长到1.06亿元。2014年,这一数值为1.5亿元。虽然投入经费逐年增加,但平均水平很低。以2014年为例,山东省安排的农业科技培训资金为1.5亿元,按山东省农业人口为5482万人计算,平均每人每年4.4元,按农业人口2086万人计算,平均每位劳动力每年7.19元,按山东省农户1480万户计算,平均每户只有77元。"①此外,近些年来我国农业技术服

①　王蔚、闫曼、石晓明:《山东省农业科技培训问题研究》,《经济与管理评论》2015年第1期。

务体系的瘫痪是导致农业科技服务供需失衡的另一重要原因。在乡镇机构改革之前,我国的乡镇政府内部全部设立农技站,属于"七站八所"之一,是乡镇政府内部的事业单位,负责农业技术推广服务。进入新世纪以来,为配合农村税费改革,我国乡镇政府也进行了机构改革,改革的重要内容之一就是对乡镇政府的"七站八所"等事业单位进行改革,多数乡镇将"七站八所"整合为数个综合服务中心,也有的地方将"七站八所"推向市场。如在湖北等地的农技服务人员成了完全的市场主体,为农民提供科技服务成为了一种市场行为,这不仅影响了农业科技服务人员的工作积极性,而且在一定程度上削弱了农业科技服务的公共产品性质。

虽然总体上农业科技服务位列农民最急需农村公共产品的第一位,但是,不同年龄阶段的农民对于农村公共产品的需求顺序还是有所差别。对 60 岁以上的农民而言,医疗卫生排在其最急需农村公共产品的第一位,所占比例为36%,对道路和水利工程等农村基础设施的急需程度最低,为 19.2%。而对于31 岁至 45 岁的农民而言,与其他年龄阶段的农民需求相比,其对于农村义务教育的急需程度最高,比例为 22.5%,而 30 岁及以下、46 岁到 60 岁、60 岁以上年龄阶段的农民对农村义务教育的急需比例分别为 16.0%、14.0% 和 20.8%。

表 3-12 不同年龄段农民最急需的农村公共产品

		最需要改善的公共产品								
		农业科技服务	占比（%）	农村义务教育	占比（%）	医疗卫生	占比（%）	道路和水利工程等基础设施	占比（%）	总计
年龄	30 岁及以下	106	44.5	38	16.0	54	22.7	40	16.8	238
	31—45 岁	103	35.2	66	22.5	69	23.5	55	18.8	293
	46—60 岁	100	33.2	42	14.0	78	25.9	81	26.9	301
	60 岁以上	30	24.0	26	20.8	45	36.0	24	19.2	125

同时,东西部地区也存在一定差异。对于"您在目前的农业生产经营中最短缺的是什么"这一问题,西部地区的问卷排在第一位的是"资金",占西部411份问卷的35%,高于排在第二位的"农业技术"占34.1%。由此可见,对于西部地区来说,资金缺乏还是农民在农业生产经营中面临的最大问题,农民对资金的需求更为强烈,同时,也体现了我国东西部地区农民收入还存在一定差距。

表 3－13　西部地区农业生产经营中的项目短缺情况

问题	选项	频数(人)	比例(%)
您在目前的农业生产经营中最短缺的是什么	资金	144	35.0
	农业技术	140	34.1
	销售渠道	77	18.7
	信息	50	12.2

而东部地区问卷中,对于"您在目前的农业生产经营中最短缺的是什么"这一问题,排在第一位的是"农业技术",占546份问卷的48.0%,远远超过"信息"(19.6%)、"资金"(18.1%)以及"销售渠道"(14.3%)。

表 3－14　东部地区农业生产经营中的项目短缺情况

问题	选项	频数(人)	比例(%)
您在目前的农业生产经营中最短缺的是什么	农业技术	262	48.0
	信息	107	19.6
	资金	99	18.1
	销售渠道	78	14.3

(2)农村公共文化服务短缺明显。农村公共文化不仅对于提高个体农民素质、培育新型农民具有重要意义,而且对于丰富农村精神文化生活、满足农民精神文化需求以及实现乡村文化振兴具有重要意义。同时,农村公共文化活动的开展也是培育农民公共精神的重要平台。随着物质生活水平的提高

和农村经济的发展,农民对于文化服务的需求和精神生活的追求也越来越高。但是改革开放以来,农村公共文化活动不断式微,农村公共文化空间不断弱化。其原因一是农村集体经济解体和农村集体生产生活活动减少。二是随着城镇化的快速发展,很多农村成为"空心村"。三就是农村公共文化服务的短缺。根据调查问卷统计,在 957 份调查问卷中,54.6%的调查对象所在村庄没有文娱场所,超过一半,只有 45.4%的调查对象所在村建有文娱场所。并且通过问卷分析,建有文娱场所的村庄西部地区少于东部地区,西部地区建有文娱场所的比例为 36.7%,东部地区为 51.8%。另外,在组织公共文化活动上,认为自己所在村庄从不安排和组织村民参加文化活动的调查对象占25.7%,59.5%的调查对象认为很少安排,只有 14.8%的调查对象认为自己所在村庄能够经常安排和组织村民参加各类文化活动,所占比例甚少。

表 3-15　村庄开展文娱活动情况

		频数	百分比	有效的百分比	累积百分比
有效	经常	142	14.8	14.8	14.8
	很少	569	59.5	59.5	74.3
	从不	246	25.7	25.7	100.0
	总计	957	100.0	100.0	

有较多学者对农村公共文化服务问题进行了研究,普遍认为农村公共文化供给不足。如雷焕贵等根据对山西省四个地区 6 个县 22 个乡镇 51 个村的问卷调查发现,看电视这种私人文化活动是农民劳动之余的最主要文化形式,46.7%的调查对象选择了这种方式。公共文化供给不足是农村文化活动面临的主要问题。[1] 再如任和以送电影下乡为例分析了我国农村公共文化服

---

[1] 雷焕贵、段云青、柴世民、宋静、赵玉兰:《山西省农村公共文化服务体系建设解析与重构——基于 4 市 6 县 22 乡镇 51 村的调查》,《云南农业大学学报》(社会科学)2017 年第 6 期。

务供给问题,认为在边远山区农村农民对看电影有很大需求,但是愿望却得不到满足,虽然中央出台了"2131"(在21世纪全国农村基本实现一个村一个月放映一场电影)相关政策,但地方配套资金不到位成为制约这一政策的重要原因。①

农村公共文化服务短缺的直接原因在于,首先,政府财政资金投入不足、农村集体经济能力有限以及农村文化服务主体特别是专业人才的缺失。其次,农村公共文化服务活动的载体有限,尤其是缺少既具有传统文化传承又具有现代气息的能为农民喜闻乐见的文艺作品,一些基本的群众性文化活动处于瘫痪状态。再次,农村公共文化空间不断萎缩,设施陈旧,利用率较低。比如乡村文化大院,院门挂锁是常态,再如农家书屋,一般面积有限,而所能提供的书籍与农民的需要也难以契合。

(3)新农保政策实施效果相对较差。2009年起我国开始推行新型农村养老保险政策,简称新农保,新农保采取个人缴费、集体补助和政府补贴相结合的模式。新农保改变了中国农民传统的家庭养老、养儿防老、自我缴费、自我储蓄等养老方式,将农民养老纳入到国家公共财政框架下,政府开始介入到农民养老事务之中。由此,农民养老也由过去的纯粹属于农民私人的事务变为了社会公共事务,成为需要政府提供的一种公共产品。可以说,这一政策是继取消农业税后,让农民最直接受益的一项政策。但是调查结果发现,与新农合相比,新农保政策实施效果一般,农民对这一政策的认同度和支持度都比较低。

根据调查问卷统计,参加新型农村养老保险的农民占调查对象总数的比例为73%,没有参加的所占比例为27%。与参加新农合的比例相比,农民参

---

① 任和:《中国农村公共文化服务供给:以送电影下乡为例》,《中国农村观察》2016年第3期。

加新农保的比例较低。导致这一状况的重要原因之一就是农民对这一政策认同度较低,在思想上对新农保政策存在认识偏差。认为新农保政策对农民很重要的只占调查对象的26.9%,认为新农保政策能够解决农民的一定生活问题的比例为41.3%,还有24%的调查对象认为新农保政策实际上就是农民自己交钱养老,另外有7.8%的调查对象认为新农保政策对农民无所谓,由此可以看出,超过30%的调查对象对新农保政策认同度较低。对于目前60岁以上农民每月100多元的养老金水平,认为基本够用的只占全部问卷的7.8%,71.8%的人认为金额较少、不够用,其余的20.4%的调查对象认为什么问题也解决不了。这是导致农民对于新农保政策的认同度和支持度都比较低的重要原因。

表3-16 对新型农村养老保险政策的看法

		频数	百分比	有效的百分比	累积百分比
有效	对农民很重要	257	26.9	26.9	26.9
	对农民无所谓	75	7.8	7.8	34.7
	解决农民的一定生活问题	395	41.3	41.3	76.0
	农民自己交钱养老	230	24.0	24.0	100.0
	总计	957	100.0	100.0	

(4)"自上而下"的决策方式使供给偏离农民需求。长期以来,我国在农村公共产品供给中形成了"自上而下"的决策方式,这种决策方式的特点就是决策并不考虑农民的需求偏好,而是根据上级政府的供给偏好作出,也就是上级政府想提供什么样的公共产品、提供多少公共产品完全由政府自己说了算。这种决策方式导致的结果必然是供给偏离农民需求,农村公共产品供给效率较低或者供给根本无效。

在"自上而下"的决策方式下,农村公共产品供给与农民需求之间必然脱节,在调查问卷中,对于"您认为当前农村公共产品供给存在的主要问题是什么"这一问题,排在第一位的选项是供给与农民需求不相称,有 361 人选择此项,所占比例为 37.7%,选择总量不足和质量较差的人数分别是 245 人和 178人,分别占 25.6% 和 18.6%,另有 18.1% 的问卷对象选择的是县乡干部不为农民着想(实际上,县乡干部不为农民着想也是农村公共产品供给与农民需求不相称的重要原因)。所以说,近些年来,虽然政府对农业农村的财政投入力度不断加大,但农民对农村公共产品的需求偏好并没有得到有效回应。

表 3-17　农村公共产品供给存在问题

问题	选项	频数(人)	比例(%)
您认为当前农村公共产品供给存在的主要问题是什么	供给与农民需求不相称	361	37.7
	总量不足	245	25.6
	质量较差	178	18.6
	县乡干部不为农民着想	173	18.1

　　基层政府置农民的需求偏好于不顾,村民自治组织也难以真正代表农民的利益诉求。自 1978 年以来,我国的村民自治制度虽然在制度设计上不断完善,但是在实践层面,村民自治制度出现的问题也越来越多,农村基层民主很多时候流于形式,有学者甚至认为"现在,中国还没有真正意义上的村民自治"[1]。在制度设计上,乡镇政府与村委会本应是指导与被指导的关系,但是实际上二者多为领导与被领导的关系,在这种关系框架下,村民委员会很难真正代表农民的利益。因而,"现实中的村治模式也往往将村两委定位为一种准强制性机构,承接政府职能,由少数村班子成员构成核心决策层来主导农村公共物品供给与分配"[2]。

---

[1]　赵树凯:《村民自治的检讨与展望》,《江西师范大学学报》(哲学社会科学版)2015 年第 3 期。

[2]　汪吉庶、张汉:《农村公共物品供给的议程困境及其应对——以浙江甬村为案例的小集体分成付费制度研究》,《公共管理学报》2014 年第 4 期。

对于"您认为关系到村民集体利益的决策,应该谁说了算"这一问题,认为应该由农民(村民代表大会)作出的有 799 人,占 957 份调查问卷的 83.5%,认为应由乡镇干部或者村干部作出的只占 16.5%,这说明了农民主体意识、权利意识的增强。那么在实际决策过程中是否如此呢?

表3-18 关系到村民集体利益的决策应该由谁作出

		频数	百分比	有效的百分比	累积百分比
有效	乡镇干部	39	4.1	4.1	4.1
	村干部	119	12.4	12.4	16.5
	农民(村民代表大会)	799	83.5	83.5	100.0
	总计	957	100.0	100.0	

对于"您所在的村关系到农民集体利益的决策,主要是由谁作出的"这一问题,调查对象选择由村干部作出的所占比例最高,为 64.4%,14.1% 的认为是由乡镇干部作出的,只有 206 人(占比 21.5%)的调查对象认为是由农民(村民代表大会)作出的。同时,认为农民表达利益的渠道非常畅通的仅占 3.2%,认为基本畅通的占 56.4%,40.3% 的调查对象认为渠道不畅通。这说明农民还缺乏制度化的利益表达渠道。

表3-19 关系到村民集体利益的决策实际上由谁作出

		频数	百分比	有效的百分比	累积百分比
有效	乡镇干部	135	14.1	14.1	14.1
	村干部	616	64.4	64.4	78.5
	农民(村民代表大会)	206	21.5	21.5	100.0
	总计	957	100.0	100.0	

另外,调查对象认为自己所在村村民自治制度和村规民约健全的仅占 18%,认为不健全和不清楚的分别占 39.7% 和 42.3%。认为村民委员会办事效率很高的仅占 6.3%,办事效率一般的占 74.3%,办事效率很差的占

19.4%。

（5）"一事一议"难以有效开展。在2006年农业税取消后，农民不再是农村公共产品供给成本的主要分摊主体，农村公益事业的举办除了依靠国家财政投资之外，还要依靠农村集体经济投入，但是对于大多数地区的农村而言，集体经济薄弱，甚至很多村庄没有集体经济收入。因此，在国家财政投资有限、农村集体经济匮乏的情况下，"一事一议"就成为农村举办公益事业、提供公共产品的重要制度安排。但是"一事一议"在农村普遍遇到困境，发挥作用有限。根据问卷调查结果，"一事一议"发挥作用情况并不理想，在957份问卷中，有419人表示没听说过"一事一议"，占了43.8%，所占比例最高；认为不发挥作用的占17.2%；认为作用一般的占32.2%；认为作用很大的只有65人，仅占全部问卷的6.8%。

表3-20 "一事一议"发挥作用情况

问题	选项	频数（人）	比例（%）
"一事一议"在你们村发挥作用吗	没听说过	419	43.8
	作用一般	308	32.2
	不发挥作用	165	17.2
	作用很大	65	6.8

"一事一议"政策设计的目的就是为了弥补农业税取消后农村集体经济的不足。农业税取消后，随着"三提五统""集资摊派"的一并取消，大部分农村几乎失去了集体经济收入的来源。但是在农村还有大量的公益事业必须举办，在这样的背景下，2007年国务院办公厅转发了农业部《村民一事一议筹资筹劳管理办法》。但从调查问卷数据反映的情况来看，"一事一议"政策并未有效开展，并且竟然有43.8%的农民表示对"一事一议"没有听说过，认为不发挥作用和作用一般的有49.4%，足见政策实施效果之差。这说明，很多乡镇政府既没有向农民认真宣传"一事一议"政策，也没有认真开展"一事

一议"。究其原因,其一,"一事一议"筹资筹劳有限,如2011年山东省出台《山东省村民一事一议筹资筹劳管理办法》,规定东部地区的烟台、威海、东营、淄博等6市每人每年不得超过25元;中部地区的泰安、莱芜等5市每人每年不得超过20元;西部地区的临沂、德州、菏泽等6市每人每年不得超过15元。按照以上筹资标准,即使按每个村庄1000人计算,每个村庄每年筹资也只有1.5万元至2.5万元。当前,无论是农田水利工程建设还是农村公路建设,投资成本都不断提高,因而,有限的筹资金额难以满足农村公益事业建设需要。其二,严格的程序要求制约了"一事一议"政策的实施。《山东省村民一事一议筹资筹劳管理办法》规定:"提交村民代表会议审议和表决的事项,会前应当由村民代表逐户征求所代表农户的意见并经农户签字认可。召开村民会议,应当有本村18周岁以上的村民过半数参加,或者有三分之二以上的农户的代表参加。召开村民代表会议,应当有三分之二以上的组成人员参加。村民会议所作筹资筹劳方案应当经到会村民的过半数通过。村民代表会议表决时按一户一票进行,所作方案应当经到会村民代表所代表的户过半数通过。村民会议或者村民代表会议表决后形成的筹资筹劳方案,应当由参加会议的村民或者村民代表签字。"程序的严格性是为了最大程度保护农民利益,但是这种严格性无疑也降低了可操作性,从而使程序的设置流于形式。其三,新型城镇化的推进和农村"空心化"的发展加剧了"一事一议"的困境。随着新型城镇化的快速发展,我国大量农村人口流入城市,很多地区的农村已经成为"空心村",有议事能力的劳动力特别是农村精英外流严重,而留在农村的人口大部分是老人和儿童,而对于年龄较大的留守老人而言,多数的主要任务就是种好庄稼和照顾好留守的子孙,维持生活,很多人既失去了关心农村公益事业建设的动力也缺失了参与村庄公共事务的能力。

(6)农村基础设施建设部分瓶颈制约农民生活质量提升。从问卷调查反映的情况来看,虽然农村水电路等基础设施建设有了很大进步,但是饮水安全对于农民还是一个较大的问题。根据问卷统计结果,使用井水和水窖存水的农民还有一定比例,分别为19.7%和3%,使用自来水的为77.3%。并且,对于调查对象所在村饮用水的水质,认为很差的为7.1%,认为一般的为59.4%,认为很好的只有33.5%。而西部四省问卷中,认为水质很差的为12.4%。因而农村饮水安全仍是突出问题,西部地区更为明显。在公共交通方面,农民出行还存在一定困难,虽然土路在农村所占比例不高,但是有48.2%的调查对象所在村没有通公共汽车。

总之,虽然农村公共产品供给取得了一定成绩,但是供给中存在的问题也十分明显,农村公共产品供给与农民需求之间的矛盾较为突出,农村公共产品供给还难以满足农民需求。

二、乡镇政府责任存在问题的实证分析:乡镇干部视角

在本部分的论述中,我们从乡镇干部的视角对农村公共产品供给中的乡镇政府责任状况进行分析。之所以从乡镇干部的视角进行分析是因为,乡镇干部是乡镇政府职能转变的"当事人",是服务型乡镇政府建设的具体实施者,是农村公共产品供给的重要责任主体。那么,在乡镇干部的眼中,农村公共产品供给状况如何?制约乡镇政府提供农村公共产品的主要因素是什么?在实然状态,乡镇政府的职责又是什么?哪些因素影响着乡镇干部的工作满意度和工作意愿?乡镇政府下一步改革的思路应该是什么?等等。探析乡镇干部对于这些问题的认识显然对于推进服务型乡镇政府建设具有重要意义。

关于乡镇干部对于乡镇政府职能转变的认识问题,学界有学者作了零星研究。如在项继权的研究中,绝大多数乡镇领导(83%)认为发展经济是乡镇政府的主要职能。① 在吴理财的研究中,人们对于乡镇政府职能的认识带有现实的问题化倾向,将"发展经济"排在乡镇政府各项工作之首,之所以"发展经济"是乡镇政府最重要的工作,他认为不排除农村基层干部基于乡镇自身财政困难和自身利益的考量,但在实际中它也是一种增强乡镇公共行政和公共服务能力的表现。② 总体来看,从乡镇干部角度对乡镇政府职能转变问题进行研究的成果学界还较少。

本文数据来源于对山东省部分县(市、区)乡镇干部的问卷调查。山东省东、中、西部经济差距明显,以 2016 年山东省 17 个地市的 GDP 总量为例,2016 年山东省 GDP 总量为 6.7 万亿,青岛为 10011.29 亿元,济宁为 4301.82 亿元,泰安为 3316.8 亿元,聊城为 2859.18 亿元,菏泽为 2560 亿元。从这一点上来说,山东省经济发展状况可以说是全国的缩影,因而对山东省乡镇干部的问卷调查具有一定代表性。

表 3 – 21　2016 年山东省 17 地市 GDP 排名

GDP 排名	地级市	2016 年 GDP(亿元)	2015 年 GDP(亿元)	增长(%)	人均排名
1	青岛	10011.29	9300.07	7.9	3
2	烟台	6925.66	6446.08	8.1	4
3	济南	6536.12	6100.23	7.8	6
4	潍坊	5522.68	5170.50	8.0	9
5	淄博	4412.01	4130.20	7.7	5
6	济宁	4301.82	4013.12	8.0	12

① 项继权:《乡镇政府职能转变如何跟上形势——发展是硬道理稳定是硬任务服务是硬要求》,《人民论坛》2009 年第 3 期。
② 吴理财:《从"管制"到"服务":关于乡镇政府职能转变的问卷调查》,《中国农村观察》2008 年第 4 期。

（续表）

GDP排名	地级市	2016年GDP(亿元)	2015年GDP(亿元)	增长(%)	人均排名
7	临沂	4026.75	3763.20	7.6	16
8	东营	3479.60	3450.64	7.0	1
9	泰安	3316.79	3158.40	7.2	10
10	威海	3212.20	3001.57	8.0	2
11	德州	2932.99	2750.94	7.2	14
12	聊城	2859.18	2663.62	7.3	15
13	菏泽	2560.24	2400.96	8.5	17
14	滨州	2470.10	2355.33	7.2	7
15	枣庄	2142.63	2031.00	7.2	11
16	日照	1802.49	1670.80	8.1	8
17	莱芜	702.76	665.83	7.2	13
	全省	67008.19	63002.30	7.6	

数据来源：根据齐鲁网等整理 http://news.iqilu.com/shandong/yaowen/2017/0204/3370584.shtml。

　　问卷调查的完成时间为自2016年1月至2017年8月。问卷调查充分考虑到了山东省不同县（市、区）的经济状况。从东部到西部，问卷涉及的县（市、区）包括青岛莱西市，济南商河县，潍坊临朐县，济宁邹城市，临沂兰山区，滨州邹平县和无棣县，德州齐河县、平原县和禹城市，菏泽市牡丹区和鄄城县共12个县（市、区）31个乡镇。根据山东省发改委公布的2016年山东省86个县（市）、51个市辖区共137个县（市、区）GDP排名，问卷调查所涉及的12个县市区GDP总量及在山东省137个县（市、区）的排名如下：

表3-22　问卷涉及县（市、区）GDP总量及在山东省排名

县（市、区）	GDP总量(亿元)	排名
邹平县	870	12
邹城市	869	13

（续表）

县（市、区）	GDP 总量（亿元）	排名
兰山区	861	16
莱西市	560	33
牡丹区	487	42
齐河县	461	46
禹城市	295	82
无棣县	269	95
临朐县	261	102
平原县	234	110
商河县	179	125
鄄城县	175	128

问卷调查的 31 个乡镇均为乡或镇，不包括街道办事处。街道办事处作为一级政府的派出机关，虽然其在实际工作中担负的职责与乡镇政府几乎没有太大差别，但是制度层面对其职责的界定与乡镇政府还是不同。因而，为保证研究的严谨性，本研究的调查问卷严格限制在乡或镇。同时，为保证问卷的真实性和有效性，防止问卷由别人代替填写，所有问卷均为会议现场当场分发，当场填写，当场收回。共发放问卷 1211 份，收回 1211 份，有效 1123 份。

问卷调查的对象是乡镇干部。"干部"是与"群众"相对应的一个概念。关于乡镇干部，既可以从广义上理解，也可以从狭义上理解。在广义上，乡镇干部泛指在乡镇政府工作的人员，包括公务员、事业编制身份人员、工勤人员以及部分临时工。在狭义上，乡镇干部就是正式具有国家干部身份的乡镇政府工作人员，主要为公务员和事业编人员。本书是在广义上使用，是因为一方面，工勤人员和临时工中部分人员长期在乡镇工作，非常了解乡镇工作实际情况，另一方面，所有问卷调查都是在乡镇政府召开工作会议时进行，难以把工勤人员和临时工排除在外。调查对象的基本特征如下：

表 3 - 23 调查对象基本特征

		频数	比例(%)			频数	比例(%)
性别	男	734	65.4	身份	公务员	264	23.5
					事业编制	634	56.5
	女	389	34.6		工勤人员	108	9.6
					临时工	117	10.4
年龄	20 岁至 30 岁	202	18.0	月收入	2000 元以下	88	7.8
	31 岁至 40 岁	401	35.7		2000 元至 3000 元	263	23.4
	41 岁至 50 岁	435	38.7		3000 元至 4000 元	454	40.4
	51 岁以上	85	7.6		4000 元以上	318	28.4
学历	高中及以下	171	15.2	职务	乡镇正职(正科)	17	1.5
	大专	486	43.3		乡镇副职(副科)	90	8.0
	本科	437	38.9		乡镇中层(所长、站长等部门正副职)	306	27.2
	研究生	29	2.6		一般人员	710	63.3

　　前书已经论及,乡镇政府的首要职责就是公共服务职责,因而乡镇政府工作的开展就应该围绕为农民提供公共产品,从而让农民享受更多的公共服务,因此,服务是乡镇政府职责的最主要特征。围绕乡镇政府的公共服务职责,问卷的内容主要是关于乡镇政府的主要工作和开展工作的主要依据、乡镇政府财政状况和对"乡财县管"的看法、乡镇政府对提供农村公共产品的重视程度和效率、对乡镇政府职能转变的认识与职能转变趋势的看法以及乡镇干部的工作意愿等方面。

(一)乡镇政府实然责任与应然责任偏离

　　既然乡镇政府首要职责就是向农民提供公共产品,那么乡镇干部又是如何认识这一问题的呢?在问卷中,对于"您认为乡镇政府最主要工作应该是什么"这一问题,在 1123 份问卷中,有 743 人选择的是"关注民生、提供公共服务"，占66.1%，排在第一位。有278人选择的是"招商引资、发展经济"，占24.8%，排在第二位，另外"维护社会稳定"和"征地拆迁、推动城镇化"的分别占5.5%和3.6%。由此可以看出，大多数乡镇干部认为乡镇政府的最主要工作应该是提供公共服务，即以服务职能为主，应该说，大多数乡镇干部对于乡镇政府的服务职能认识到位。这与前书我们提到的项继权、吴理财的研究结论有所不同。

表3-24　您认为乡镇政府最主要工作应该是什么？

		频数	百分比	有效的百分比	累积百分比
有效	关注民生、提供公共服务	743	66.1	66.1	66.1
	招商引资、发展经济	278	24.8	24.8	90.9
	维护社会稳定	62	5.5	5.5	96.4
	征地拆迁、推动城镇化	40	3.6	3.6	100.0
	总计	1123	100.0	100.0	

那么在实然层面，是否亦是如此呢？对于"您认为您所在乡镇实际中最主要工作是什么"这一问题，在所有问卷中，有508人选择的是"关注民生、提供公共服务"，占45.2%，仍排在第一位。选择"招商引资、发展经济""维护社会稳定"和"征地拆迁、推动城镇化"的所占比例分别为29.1%、15.1%和10.6%。

表3-25　您认为所在乡镇政府实际中最主要工作是什么？

		频数	百分比	有效的百分比	累积百分比
有效	关注民生、提供公共服务	508	45.2	45.2	45.2
	招商引资、发展经济	327	29.1	29.1	74.3
	维护社会稳定	169	15.0	15.1	89.4
	征地拆迁、推动城镇化	119	10.6	10.6	100.0
	总计	1123	100.0	100.0	

对于"您认为您所在乡镇开展工作的最主要依据是什么"这一问题，有

50.8%的乡镇干部选择的是"上级政府对乡镇的考核指标",排在第一位。有25.1%的乡镇干部选择的是"宪法、法律规定的乡镇政府应有职能",18.6%的认为是"乡镇主要领导工作思路"。另外还有5.5%选择的是"上级政府临时交办事宜"。可以看出,县级政府对乡镇政府的考核指标成为乡镇开展工作的最主要依据。

（二）乡镇财政维持基本运转是普遍状况

关于乡镇干部对所在乡镇财政状况的看法(表3-26),在全部问卷中,只有1.3%的乡镇干部认为自己所在乡镇"非常富裕",认为所在乡镇财政"比较富裕"的比例为19.7%,有216人认为自己所在乡镇财政"贫困",占19.2%。有671人认为是"维持基本运转",占59.8%,所占比例最高。可见,乡镇财政状况普遍较差。在当前的财政框架下,上级政府对乡镇的财政转移支付很难满足乡镇的财政需要,这就逼迫多数乡镇政府只能寄希望于自身,通过自身努力寻求解决财政困难的办法。问卷统计结果也证明了这一点,对于解决乡镇政府财政困难的最主要途径,选择"发展当地经济"的为470人,占41.9%,所占比例最高。选择"增加上级政府对乡镇的转移支付""招商引资"和"减少乡镇政府事权,减轻支出责任"的分别占24.9%、24.5%和8.7%。选择"发展当地经济"和"招商引资"两项的比例加起来占到了66.4%。

表3-26　关于所在乡镇财政状况的看法

		频数	百分比	有效的百分比	累积百分比
有效	非常富裕	15	1.3	1.3	1.3
	比较富裕	221	19.7	19.7	21.0
	维持基本运转	671	59.8	59.8	80.8
	贫困	216	19.2	19.2	100.0
	总计	1123	100.0		

关于对"乡财县管"的看法,有 474 人、占 42.2%的乡镇干部认为是"制约乡镇工作",38.7%的认为"对乡镇工作有利",还有 11.5%和 7.6%的乡镇干部分别选择"对乡镇没有影响"和"无所谓"。"乡财县管"本意是在乡镇财政主体法律地位不变的前提下,县级政府帮助乡镇提高财政管理水平,严格乡镇财政管理和监督,规范乡镇政府财政行为。"乡财县管"的政策初衷是良好的,但是在工作实践中,"乡财县管"却在一定程度上取消了乡镇政府的财政独立地位,并不符合"一级政府、一级财政"的原则,特别是在"乡财县管"的管理方式下,乡镇政府增加财政收入的积极性受到一定挫伤。因而,相当一部分乡镇干部对"乡财县管"并不认同。

表 3 - 27　对"乡财县管"的看法

		频数	百分比	有效的百分比	累积百分比
有效	对乡镇工作有利	435	38.7	38.7	38.7
	对乡镇没有影响	129	11.5	11.5	50.2
	制约乡镇工作	474	42.2	42.2	92.4
	无所谓	85	7.6	7.6	100.0
	总计	1123	100.0	100.0	

（三）供给决策中农民话语权基本缺失

"对所辖地域进行公共管理是地方政府的天职,提供公共产品、完善公共服务是地方政府天职中的重要部分。"[①]对于"您所在乡镇政府对提供农村公共产品的重视程度"这一问题,有 318 位乡镇干部选择"很重视",占 28.3%,有 613 位乡镇干部选择"比较重视",占 54.6%,另有 15.3%和 1.8%的乡镇干部分别选择"不太重视"和"很不重视"。可见,多数乡镇干部认为自己所在

---

① 沈荣华:《我国地方政府职能的十大特点》,《行政论坛》2008 年第 4 期。

乡镇很重视或者说是比较重视农村公共产品供给。并且,有17.7%的乡镇干部认为自己所在乡镇政府提供农村公共产品效率"很高",44.9%的乡镇干部认为是"较高"。对于"您认为乡镇政府在提供农村公共产品中遇到的最大困难是什么"这一问题,828人认为是"财政资金缺乏、乡镇事权多财权少",占73.7%。可以看出,在农村公共产品供给中,乡镇政府遇到的最主要困难就是财政资金缺乏。

对于"您所在的乡镇政府提供农村公共产品决策的主要依据是什么"这一问题,有392位乡镇干部认为依据的是"国家相关政策",所占比例为34.9%,有301位乡镇干部认为依据的是"上级领导的指示命令",比例为26.8%,认为是"乡镇政府领导决定为主"的占11.2%。只有27.1%的乡镇干部认为是"根据农民实际需求决定"。由此可以看出,当前农村公共产品供给决策较少顾及农民的需求意愿,农村公共产品供给的主要决策方式是"自上而下"的决策。而这也是在农村公共产品供给中,供给偏离农民需求、"形象工程"和"面子工程"过多以及公共财政资金浪费严重的重要原因。

表3－28　农村公共产品供给决策的主要依据

		频数	百分比	有效的百分比	累积百分比
有效	国家相关政策	392	34.9	34.9	34.9
	上级领导的指示命令	301	26.8	26.8	61.7
	乡镇政府领导决定为主	126	11.2	11.2	72.9
	根据农民实际需求决定	304	27.1	27.1	100.0
	总计	1123	100.0	100.0	

此外,在开展"一事一议"方面,只有63.1%的乡镇干部认为自己所在乡镇"开展顺利",31.5%的选择"部分开展"。总体来看,"一事一议"开展情况不甚理想。

表 3 - 29 所在乡镇开展"一事一议"情况

		频数	百分比	有效的百分比	累积百分比
有效	开展顺利	709	63.1	63.1	63.1
	部分开展	354	31.5	31.5	94.6
	没有开展	40	3.6	3.6	98.2
	没听说	20	1.8	1.8	100.0
	总计	1123	100.0	100.0	

（四）个人利益影响乡镇干部工作意愿

乡镇干部的工作满意度和工作意愿直接影响着其工作积极性和主动性，从而在一定程度上影响着农村公共产品供给状况和乡镇政府职能转变状况。关于乡镇干部的工作满意度，从总体上来看，乡镇干部对乡镇工作满意度比较高，对于"您对自己当前工作的满意度"这一问题，认为"非常满意"和"满意"的分别占 20.4% 和 66.9%，二者合计达到 87.3%，占了绝大多数。

表 3 - 30 乡镇干部工作满意度

		频数	百分比	有效的百分比	累积百分比
有效	非常满意	229	20.4	20.4	20.4
	满意	751	66.9	66.9	87.3
	不满意	123	11.0	11.0	98.3
	很不满意	20	1.7	1.7	100.0
	总计	1123	100.0	100.0	

但是不同年龄阶段的乡镇干部工作满意度不同，20 岁至 30 岁的乡镇干部，对工作表示"非常满意"和"满意"的人数为 162 人，占这一阶段 202 人的 80.19%。31 岁至 40 岁，对工作表示"非常满意"和"满意"的人数为 343 人，占这一阶段 401 人的 85.54%。41 岁至 50 岁这一比例为 91.26%，51 岁以上

这一比例为91.76%。可以得出,乡镇干部年龄越大,对乡镇工作的满意度越高。20岁至30岁的乡镇干部满意度最低,这在一定程度上能够解释为什么乡镇难以留住年轻人才。

表3-31 年龄与工作满意度交叉列表

		工作满意度				总计
		非常满意	满意	不满意	很不满意	
年龄	20—30岁	34	128	31	9	202
	31—40岁	94	249	51	7	401
	41—50岁	81	316	34	4	435
	51岁以上	20	58	7	0	85
总计		229	751	123	20	1123

工作满意度与乡镇干部工资收入也有一定关联。根据分析,月收入在2000元以下的乡镇干部,对工作表示"非常满意"和"满意"的为60人,占这一收入阶段88人的68.18%。月收入在2000元至3000元的乡镇干部,对工作表示"非常满意"和"满意"的为220人,占这一收入阶段263人的83.65%,3000元至4000元的这一比例为88.77%,4000元以上的这一比例为93.40%。可以看出,随着收入的增加,乡镇干部对工作的满意度随之提高。

表3-32 月收入与工作满意度交叉列表

		工作满意度				总计
		非常满意	满意	不满意	很不满意	
月收入	2000元以下	13	47	24	4	88
	2000-3000元	51	169	38	5	263
	3000-4000元	91	312	44	7	454
	4000元以上	74	223	17	4	318
总计		229	751	123	20	1123

与工作满意度相关的问题就是乡镇干部在乡镇工作的意愿,对"您是否愿意在乡镇长期工作?"这一问题,选择"非常愿意"的有137人,仅占全部问卷的12.2%,选择"愿意"的为520人,占46.3%,选择"不愿意,但没有离开的途径"的为427人,占38.0%,另有选择"不愿意,近期有离开的打算"的为39人,占3.5%。选择"非常愿意"和"愿意"的占58.5%,可见,相当一部分乡镇干部不愿意在乡镇工作。并且,学历越高,乡镇干部愿意在乡镇工作的比例越低。当然,这一现象的出现除了与乡镇工作条件、工作积极性等因素有关外,还与高学历毕业生择业期望值有一定关联。高中及以下学历中,选择"非常愿意"和"愿意"的为128人,占该年龄段总人数171人的74.9%,大专学历、本科学历和研究生学历的这一相应比例分别为59.9%、51.5%和44.8%。这说明,乡镇干部学历越高,在乡镇工作的意愿越低。

表3-33 学历与乡镇工作意愿交叉列表

		乡镇工作意愿				总计
		非常愿意	愿意	不愿意,但没有离开途径	不愿意,近期有离开的打算	
学历	高中及以下	31	97	37	6	171
	大专	65	226	187	8	486
	本科	39	186	193	19	437
	研究生	2	11	10	6	29
总计		137	520	427	39	1123

年龄也是影响乡镇干部工作意愿的重要因素。20岁至30岁的乡镇干部表示"非常愿意"和"愿意"在乡镇工作的人数为108人,占这一年龄段总人数202人的比例为53.47%,31岁至40岁年龄段的这一比例为58.10%,41岁至50岁年龄段的这一比例为58.62%,51岁以上的这一比例为71.76%。由此看出,越是年轻的乡镇干部在乡镇工作的意愿越低。在与乡镇干部访谈的过程中,他们认为,造成这一状况的主要原因在于,首先,年轻

大学生对于就业普遍期望值较高,本身到乡镇工作的意愿就不强。其次,乡镇普遍距离城区较远,物质生活和精神生活缺乏。再次,年轻人工作后就会面临婚恋、子女教育等方面的考虑。而在乡镇政府由于年轻人有限,因而选择婚恋对象都成为问题,等等。这些原因就导致了年轻的乡镇干部在乡镇工作的意愿普遍较低。

表3-34　年龄与乡镇工作意愿交叉列表

		乡镇工作意愿				总计
		非常愿意	愿意	不愿意,但没有离开途径	不愿意,近期有离开的打算	
年龄	20—30 岁	18	90	76	18	202
	31—40 岁	56	177	158	10	401
	41—50 岁	46	209	170	10	435
	51 岁以上	17	44	23	1	85
总计		137	520	427	39	1123

另外,在1123份问卷中,在乡镇所在地级市居住的乡镇干部为73人,占6.5%,在县城(县级市)居住的为587人,占52.3%,在所在乡镇居住的为217人,占19.3%,还有246人在乡镇所辖农村居住,所占比例为21.9%。在地级市和县城(县级市)居住的乡镇干部所占比例接近60%,这就说明相当比例的乡镇干部成为了"走读"干部。而这也成为影响乡镇干部工作意愿的一个因素,根据统计结果(表3-35),家庭所在地为地级市的乡镇干部选择"非常愿意"和"愿意"在乡镇长期工作的比例为52.1%,家庭在县城的乡镇干部这一比例为53.8%,家庭在乡镇驻地和乡镇所辖农村的这一比例分别为67.3%和63.8%。家庭所在地为乡镇驻地和所辖农村的乡镇干部在乡镇的工作意愿明显高于家庭所在地在地级市和县城的乡镇干部,可见,乡镇干部居住地对于乡镇干部工作意愿还是有一定的影响。

表 3 - 35　家庭所在地与乡镇工作意愿交叉列表

		乡镇工作意愿				总计
		非常愿意	愿意	不愿意,但没有离开途径	不愿意,近期有离开的打算	
家庭所在地	地级市	10	28	30	5	73
	县城	54	262	253	18	587
	乡镇驻地	32	114	66	5	217
	乡镇所辖的农村	41	116	78	11	246
总计		137	520	427	39	1123

（五）乡镇政府职能转变结果评价存在差异

乡镇政府职能就是指乡镇政府依照宪法和法律规定对乡镇区域内公共事务进行管理的过程中所承担的职责和具有的功能的统一。对于"您对乡镇政府职能转变的认识"这一问题,49.2% 的乡镇干部认为确实应该转变职能,但是同时也有 45.4% 的认为乡镇政府处于基层,难以真正转变职能。

自 20 世纪 80 年代至今,特别是进入 21 世纪以来,可以说,乡镇政府一直处于职能转变的进程中。2006 年农业税的取消更是为乡镇政府职能转变提供了良好的制度环境,成为乡镇政府职能转变的重要契机。那么,时至今日,乡镇政府职能转变效果如何? 对于"您对乡镇政府职能转变结果的评价是什么"这一问题,认为"有了很大转变"的乡镇干部所占比例为 26.5% ,认为"有所转变"的比例为 51.3% ,19.3% 的乡镇干部认为"收效一般"。在这一问题上,不同年龄阶段的乡镇干部认知有所不同。在调研中,在乡镇工作较长、经历过农业税时期的乡镇干部认为,与取消农业税之前相比,乡镇政府职能确实有了很大转变,取消农业税之前就是不停伸手向农民要钱。而乡镇年轻干部一般认为,服务型政府建设也好,政府职能转变也好,更多的是停留在文件上,对于乡镇实际工作而言,意义不大。问卷统计分析结果也说明了这一点。在职能转变结果评价方面,认为乡镇政府职能"有了很大转变"的,20—30 岁的乡镇干部所占比例为 20.30% ,31—40 岁的比例为 27.18% ,41—50 岁的比例为 27.59% ,51 岁以上的比例为 32.94% 。同时,51 岁以上的乡镇干部没有人选择"没有任何转变"。可见,年龄越大,对乡镇政府职能转变结果的评价越积极。

表 3 - 36　年龄与职能转变交叉列表

		职能转变结果评价				总计
		有了很大转变	有所转变	收效一般	没有任何转变	
年龄	20—30 岁	41	109	45	7	202
	31—40 岁	109	207	70	15	401
	41—50 岁	120	219	86	10	435
	51 岁以上	28	41	16	0	85
总计		298	576	217	32	1123

关于乡镇政府应该如何进行改革,学界曾有不同的观点,既有应当加强乡镇政府建设的观点,也有取消乡镇政府改为县级政府派出机构的观点,还有乡镇政府应与村民自治一样实行乡镇自治的观点。学界观点不同,那么实践中乡镇改革如何?在实践中,我国的乡镇政府改革既没有全部把乡镇改为派出机构,也没有实行乡镇自治,更没有扩充乡镇政府数量、增加乡镇政府工作人员,而是通过乡镇合并、减少乡镇政府数量以及乡镇政府机构改革来推动职能转变。那么下一步乡镇政府应该如何改革?对于"您认为乡镇政府改革的趋势应该是什么"这一问题,认为应"进一步加强乡镇政府建设"的乡镇干部占到了 69.5% ,所占比例最高,有 14.2% 的乡镇干部认为应"改为县级政府的派出机构",9.2% 的认为应"实行乡镇自治",另有 7.1% 的认为应该"继续合并乡镇政府,精简数量"。由此看来,多数乡镇干部对于学界呼声较高的

弱化乡镇特别是县政乡派、乡镇自治等观点认同度较低。

三、乡镇政府责任存在问题总结

通过上述乡镇干部对于农村公共产品供给中乡镇政府责任的认知,我们可以进一步总结农村公共产品供给中乡镇政府责任存在的问题,主要包括以下几个方面:

(一)农村公共产品供给中乡镇政府责任缺失

库珀认为,对于政府责任,"无论是依据正式的就职宣誓、政府伦理法规,还是根据法令,所有的公共行政人员都要以是否符合公众利益为最终标准来衡量各自的行为是否是负责任的行为"[1]。从前面分析可以看出,对于"您认为您所在乡镇实际中最主要工作是什么?"这一问题,虽然频数最高的仍为"关注民生、提供公共服务",但是其所占比例已较"您认为乡镇政府最主要工作应该是什么?"问题中的66.2%减少近20%。因而,虽然在应然层面大多数乡镇干部认为乡镇政府应该以服务职责为主,但在实然层面,乡镇政府却偏离了服务职能,实然责任背离了应然责任。

在调研的过程中,很多乡镇干部谈到,乡镇干部的目标就是想方设法完成县级政府的考核指标,"围着检查考核转、跟着上级任务走"是乡镇工作的真实写照,这充分说明了压力型体制对于乡镇政府的影响。乡镇作为一级政

---

① [美]特里·L.库珀,张秀琴译:《行政伦理学——实现行政责任的途径》,中国人民大学出版社2001年版,第82页。

府,其行政职责的行使本应以宪法和法律为框架,但是目前,县级政府对乡镇政府管得过多、管得过细,通过考核指标"一竿子插到底"。甚至有学者认为,"现在,不论是财权,还是事权,乡镇都已经不具备一级政府的真正属性,而是越来越成为县级政府的从属组织,或者成为县级政府的代理机构。"①

在考核中,县级政府对乡镇工作的考核得分即为乡镇政府工作成绩,各个乡镇在全县的排名反映着乡镇工作的好坏,同时也反映着乡镇干部工作的优劣,是乡镇干部能否进步的主要评价标准。在这样的管理体制下,乡镇必然围绕县级政府的考核指标转。特别是在县级政府的考核压力下,乡镇政府把很多精力用于招商引资、维稳等工作中,因为对于大部分农业乡镇来说,招商引资是短期促进经济发展、提高财政收入的主要途径。而在"稳定压倒一切"的压力下,维护社会稳定也成为部分乡镇"压倒一切的任务"②。

应当说,在科层制政府中,压力型体制对于实现上级政府的工作目标、督促下级开展工作具有积极作用。但是目前县级政府对乡镇的考核存在明显问题。一是县级政府对乡镇的考核内容还是注重经济指标,乡镇领导发展经济的能力被看成是最重要的能力。虽然各地不再把 GDP 作为考核的内容,但是经济工作在考核指标中一般所占分值最重。二是过多过细的考核指标抑制了乡镇独立开展工作的积极性。前书已经论及,我国《地方各级人民代表大会和地方各级人民政府组织法》中规定乡镇政府有七项职权,其中第七项就是"办理上级人民政府交办的其他事项"。很多乡镇干部认为,在实际的工作中,乡镇政府实际上最重要也是最主要的工作就是"办理上级人民政府交办的其他事项"。因而,县级政府的行政指令就成为了乡镇政府行动的指挥棒。在上级政府的指挥下,乡镇疲于应付各种考核、检查,没有精力为农民提

---

① 赵树凯:《重新界定中央地方权力关系》,《中国经济报告》2013 年第 9 期。
② 曾明:《"稳定压倒一切"下的乡镇政府——江西省 J 镇的经验》,《武汉大学学报(哲学社会科学版)》2011 年第 1 期。

供公共服务。

除此之外,造成农村公共产品供给中乡镇政府责任缺失的另一重要原因就是,长期以来国家制度缺乏对乡镇政府职能的明确界定,"从中央到地方各级政府基本都在履行一语统表的职能,相互间只有量的差异而没有质的区别"[1]。与中央政府相比,除外交和国防职能外,地方政府的职能权限基本就是中央政府的细化和延伸。对乡镇政府而言,与县级政府职能相比,乡镇政府除了没有针对下级政府的权限外,基本与县级政府相同,特别是乡镇政府的第二项职权,与县级政府相比,更是相差无几。这种职能上的高度同构是乡镇政府职能不清的重要原因。

(二)决策方式导致供给偏离农民需求

农村公共产品的一侧为相关主体的供给,另一侧则为农民的需求。按照公共产品理论,要想实现农村公共产品供给的帕累托最优,农村公共产品的供给与农民需求就必须相匹配,也只有如此,才能实现财政资源投入效益的最大化。而实际的情况却是,农村公共产品的供给往往偏离农民的需求。造成这种情况的重要原因之一就是地方政府包括乡镇政府等供给主体的"自上而下"的决策方式。

所谓"自上而下"的决策方式也就是在农村公共产品供给过程中,提供什么样的公共产品、提供多少公共产品基本是由政府而非农民决定。同时,在财政资金的使用上,我国政府不仅具有完全决定权,而且在公共财政的投资上,政府追求的是"过程导向"而非"结果导向",即只要政府把财政资金花出去就行,而投资取得什么样的结果和效果并不重要。"自上而下"的决策方式

---

① 石亚军:《地方政府职能转变重在接准、放实、管好》,《中共中央党校学报》2014年第1期。

导致的最大后果就是农民的利益需求得不到尊重和有效回应。如民革甘肃省委2007年曾经对部分乡镇进行调研,发现调研的乡镇普遍财政困难重重,服务意识淡薄,"黄泥堡乡是酒泉市唯一的裕固族自治乡,该乡只有3个村,449户,2687人,但乡镇政府的负债高达1300万。今年黄泥堡乡政府共扶持80户农户新建、扩建住房,每户补贴为3000元,总额也达到了24万元。在调研组到达时,该乡投资150万元的政府新办公楼刚刚落成"[1]。而在江西某县一个村庄内,乡镇政府投入1200多万元修建的假山、石桥、廊道、花坛、护栏、凉亭、广场、停车场、公共卫生间、污水处理设施等一应俱全,人居环境媲美城市优质小区。而在湖北,有一村是当地政府打造的一个亮点。村里数十户搬迁户的二层小楼排成一线,整齐大气。令人吃惊的是,这里村民长期吃水的困难却一直未解决。一位70多岁的老婆婆告诉记者,她搬到村里有四五年时间了,几乎年年都缺干净水。夏天涨水的时候,水龙头放出来的是泥巴水。在外做生意的儿子只好开车回来拖水。[2]

再如根据媒体报道,在国家级贫困县湖南省汝城县,"汝城县委、县政府长期以来没有考虑可用财力的实际,盲目举债,致使2015年至2017年综合债务率分别为274%、285.74%、336%,逐年攀升,负债率在湖南省排名第一。2008年以来,该县修建广场公园11个、市政道路项目26个,违规修建办公楼10栋,几乎一半的钱都用在大搞城市开发和城市建设,而培植财源、促进产业发展方面还不到6%!仅修建爱莲广场,就花了4800余万元。仅6株银杏树就花了285万元,8根图腾石柱花了120万元。与政府高举债大搞形象工程形成强烈对比的是,一些基本民生问题,却在这个国家级贫困县长期得不到

---

[1] 《农民需要什么样的乡镇政府——民革甘肃省委调研乡镇政府职能转变问题》,《团结报》2007年10月27日。

[2] 《部分农村"样板工程"成"面子工程"》,http://www.crnews.net/xwn/dc/86577_20180130011523.html。

重视和解决。汝城县城卢阳镇竟然还有两个自然村一些村民家中没有通电！当地群众 25 户 67 人仅靠山泉水发电和点煤油灯照明"①。

可以看出,在部分农村地区,基层干部为了出政绩、出工作亮点,在农村公共产品供给决策的过程中,很少考虑农民的需求意愿,没有把公共财政资金用于农民最急需的公共产品供给上。这不仅造成了农村公共产品供给偏离农民需求,降低了公共财政资金使用效率,而且影响了政府形象,造成了基层政府公信力下降。

(三)财政状况制约着乡镇政府公共产品供给

"财"是"政"的基础,一定的财政基础是政府发挥职能、行使职责的前提。当前,财政困难、维持基本运转成为多数乡镇政府财政的普遍状态。影响乡镇财政的因素除区域经济发展状况、资源禀赋、区位优势等因素外,还有政策方面的原因。而在政策方面的原因中,分税制改革的实施和农业税的取消对乡镇财政影响尤其大。在一定意义上说,1994 年的分税制改革实际上是权力主导型改革,即在中央与地方政府的分成比例上,地方政府几乎没有能力能够争取自身利益,中央政府拥有绝对发言权。分税制的主要目标之一就是重新界定中央政府和地方政府的财政收入比重,提高中央政府的财政收入比重,分税制改革的实施也确实达到了这一目标。1994 年分税制改革后,中央财政收入比重大幅度提高,地方政府财政收入比重相应大幅度减少。而在省以下各级政府的财政分成中,也延续了中央政府和省级政府财政分成中的做法,上级政府在分配比例中占据主导地位。由于乡镇政府处于政府层级的最末端,在国家财政收入总的"蛋糕"既定的前提下,切给乡镇政府的只能是最小的一块,最终乡镇政府所获财政利益最小。关于分税制改革对乡镇财政的

---

① 《巡视利剑刺破贫困县的"阔面子"》,《中国纪检监察报》2018 年 8 月 5 日。

影响我们将在第四章进一步论述。而2006年农业税的取消,更使以制度外财政为主的乡镇财政雪上加霜。因而,对于大部分乡镇来说,债务负担沉重,多数乡镇财政仅能维持基本运转。这一点在本研究中已经多次论及,在此不再赘述。

正是在这种财政困难的情况下,由于上级政府转移支付力度难以满足乡镇财政需求,所以很多乡镇把招商引资作为主要工作任务。并且,长期以来,发展经济的能力被看作是乡镇政府官员最重要的行政能力,是乡镇干部为官一任、造福一方的最重要体现,亦是乡镇干部在激烈的政治晋升锦标赛中脱颖而出的主要途径。因而,争资金跑项目成为乡镇领导的主要工作内容,有的乡镇甚至将招商引资指标分解到每个乡镇干部身上,"千斤重担大家挑,人人身上有指标"。应当说,招商引资对于发展地方经济具有重要作用,但是乡镇政府混淆了政府与市场的界限,过多地插手微观经济领域。特别是在招商引资过程中过于注重短期利益、忽视长远利益,注重经济利益、忽视社会效益,尤其是在人人都有招商引资压力的情况下,很多乡镇干部没有心思去考虑如何为农民提供公共产品。因此,在分税制改革影响下,"地方在追求经济发展和财政收入增长方面有着极大的热情,将招商引资、基本建设投资和GDP增长作为政府的首要任务,并且依然直接介入微观经济活动"①。

（四）乡镇干部个人利益影响着乡镇政府职能发挥

任何一个政府部门都必须由一定的工作人员组成,任何政策的实施都必须依靠一定的工作人员来落实。在农村公共产品供给中,乡镇政府要担当起自身责任就需要每一位乡镇政府工作人员担负起自身责任,"作为一个负责任的行政人员,一方面要在客观上为自己的行为负责,另一方面在主观上还

---

① 荣秋艳:《中国地方政府职能:问题、成因及转变》,《经济问题探索》2014年第3期。

要使自己的行为与职业价值观相一致"①。但是,从目前的情况来看,乡镇干部对工作的满意度和工作意愿影响着乡镇政府工作人员行为与为民服务这一职业价值观的一致,使乡镇政府工作人员的行为一定程度上背离了公共利益。

总体来说,乡镇政府工作任务重、工作条件差、工资水平低、晋升空间有限在一定程度上影响了乡镇干部的工作积极性。如在工作任务方面,由于乡镇政府是政府系统的神经末梢,因而所有上级布置的工作任务包括中央的各项农村政策的落实都会自上而下集中到乡镇政府一级,所谓"上面千条线,下面一根针",乡镇干部所担负的工作量太大。有乡镇干部谈到,乡镇政府每天接到的上级各种表格填报、开会等通知不下 10 个,很多乡镇干部的时间都用于统计和填报各种表格、开各种会议上,乡镇工作"五加二""白加黑"成为常态,有的乡镇干部连续几个星期不能休班,这种工作状态极易导致乡镇干部职业倦怠。

在职务晋升方面,乡镇干部晋升空间有限,用乡镇干部的话来说就是"抬头就是天花板"。2015 年 1 月中共中央办公厅、国务院办公厅下发的《关于县以下机关建立公务员职务与职级并行制度的意见》对基层公务员的晋升做出了详细的规定,晋升科员级须任办事员满 8 年,级别达到二十五级;晋升副科级须任科员级或科员满 12 年,级别达到二十三级;晋升正科级须任副科级或乡科级副职、副主任科员满 15 年,级别达到二十级;晋升副处级须任正科级或乡科级正职、主任科员满 15 年,级别达到十九级;晋升正处级须任副处级或县处级副职满 15 年,级别达到十七级。根据年限规定,乡镇干部中能够晋升到正科级的寥寥无几,而即使能够晋升到副科、正科级职级的乡镇干部多数年

---

① [美]特里·L.库珀:《行政伦理学——实现行政责任的途径》,张秀琴译,中国人民大学出版社 2001 年版,第 6 页。

龄已大，面临退休。同时，在乡镇工作人员中，这一《意见》只是针对具有公务员身份的工作人员，而对于事业编制身份的人员则不适用。这也导致了事业编制身份工作人员与乡镇公务员干同样的工作却没有同样的政策，影响了这一部分乡镇干部的工作积极性，在乡镇政府，事业编制干部可谓在"夹缝中生存"。

总之，在农村公共产品供给中，乡镇政府责任存在诸多问题，乡镇政府还没有真正担当起农村公共产品供给的责任，乡镇政府距离服务型政府建设的目标还有较大差距。对此，我们应深入剖析问题产生的原因，这也是我们将在第四章要讨论的内容。

📖 本章小结

　　进入新世纪以来，在工业反哺农业、城市支持农村和建设社会主义新农村等政策引领下，国家不断加大对农业农村的财政投入力度，农村公共产品供给状况有了一定改善。特别是农业税取消后，农民不再是农村公共产品供给成本的主要分摊主体，农村公共产品供给开始纳入到国家公共财政的框架中，公共产品供给的城乡二元格局或曰差序格局开始朝着城乡政策统一的一元格局转变，但是这种转变仅仅是个开始。农村公共产品供给存在的问题仍比较突出，特别是供给总量不足、农业科技服务和公共文化服务等供需失衡等问题明显。农村公共产品供给存在问题的原因之一就是乡镇政府在农村公共产品供给中责任的缺失，虽然多数乡镇干部认识到乡镇政府职能转变的重要性，但是乡镇政府的实然责任偏离应然责任，乡镇财政多数属于维持基本运转，"自上而下"的决策方式导致农村公共产品供给偏离农民需求，乡镇干部的工作满意度和工作意愿一定程度上影响着乡镇政府服务职能的发挥。

第四章
农村公共产品供给中乡镇政府责任
存在问题的原因

农村公共产品供给中乡镇政府责任存在问题的原因是多方面的，从宏观角度讲，是国家发展战略选择和城市偏向政策导致的结果；从中观角度讲，是政府行政管理体制和财政管理体制制约的结果；从微观角度讲，是乡镇政府自身利益影响的结果。因而，对于农村公共产品供给中乡镇政府存在问题的原因，应建立综合分析框架，从宏观、中观、微观三个层面进行系统的整体性分析。只有如此，才能全面准确把握乡镇政府职能转变的制约因素，进而寻找解决问题的对策。

一、重工业优先发展战略与城市偏向政策：宏观因素

无论是从农村与农业的内涵来讲，还是从外延来讲，乡镇都属于农村、农业的领域。因而，对于农村公共产品供给中乡镇政府责任存在问题的原因，首先应放在城市与农村、工业与农业关系的宏观框架下，置于我国经济社会发展战略和城乡关系发展的宏观背景下进行分析。

（一）重工业优先发展战略的确立

新中国成立后，我们面临的国内形势是一穷二白，工业基础薄弱，农业也不发达。在国际形势上，则面临资本主义世界对中国的封锁。基于所处的国际、国内政治经济环境与客观条件，当时的国家领导人考量的首要问题就是如何快速发展经济、实现对资本主义的赶超。正是出于这一考量，新中国成立后，我国就确立了重工业优先发展战略。这一战略的目的就是要在我国建立独立完整的工业体系，实现经济快速发展和对西方工业列强的赶超。在《论十大关系》中，毛泽东明确指出，"重工业是我国建设的重点。必须优先发展生产资料的生产，这是已经定了的"。1955 年 3 月 21 日，陈云在向中国共产党全国代表会议做的《关于发展国民经济的第一个五年计划的报告》中，也明确提出"必须优先发展重工业"。在当时中国领导人看来，重工业优先发展战略是符合我国国家利益的，这一战略是发展我国经济、赶超资本主义国家的最好选择。

重工业优先发展的确定直接影响到了我国财政投资，如"一五"期间国家对各部门投资总额为 550.0 亿元，其中工业为 250.3 亿元，占了一半左右，农林、水利、气象合计为 41.9 亿元，其中水利为 25.5 亿元，农林、气象合计才为16.4 亿元。如表 4 - 1 所示：

表 4 - 1 "一五"期间工业和农林、水利、气象的投资 单位:亿元

	国家对各部门投资总额	工业	农林、水利、气象	
			农林、水利、气象合计	其中:水利
第一个五年计划时期合计	550.0	250.3	41.9	25.5
1953 年	80.0	28.4	7.7	4.8
1954 年	90.7	38.3	4.2	2.2
1955 年	93.0	43.0	6.2	4.1

（续表）

	国家对各部门投资总额	工业	农林、水利、气象	
			农林、水利、气象合计	其中：水利
1956 年	148.0	68.2	11.9	7.1
1957 年	138.3	72.4	11.9	7.3

资料来源：国家统计局编：《伟大的十年》，人民出版社 1959 年版，第 48 页。

再以 1952 年至 1978 年我国基本建设投资结构为例（表 4-2），从"一五"期间到 1978 年我国基本建设投资中，农业所占比例最高为 17.6%，出现在 1963—1965 年，其他时期最高的为"二五"时期的 11.3%。因而国家对农业的基本建设投资非常有限，重工业优先发展战略体现得十分明显。

表 4-2　1952—1978 年投资结构的变化（用现价计算）

年份	固定资产总投资（亿元）	基本建设总投资（亿元）	基本建设投资结构（%）			
			农业	轻工业	重工业	其他产业
"一五"时期	611.58	587.71	7.1	6.4	36.2	50.3
"二五"时期	1307.00	1206.09	11.3	6.4	54.0	28.3
1963—1965	499.45	421.89	17.6	3.9	45.9	32.6
"三五"时期	1209.09	976.03	10.7	4.4	51.1	33.8
"四五"时期	2276.37	1763.95	9.8	5.8	49.7	34.8
1976—1978	1740.96	1259.80	10.8	5.9	49.6	33.7

资料来源：《中国统计年鉴 1992》，第 149、158 页；国家统计局固定资产投资统计司编：《中国固定资产投资统计资料（1950—1985）》，中国统计出版社 1987 年版，第 97 页。转引自林毅夫、蔡昉、李周著：《中国的奇迹：发展战略与经济改革》（增订版），格致出版社、上海三联书店、上海人民出版社 2014 年版，第 53 页。

既然选择了重工业优先发展战略，那么国家就必须首先保证工业建设和城市发展的利益。重工业的重要产业特征之一就是资本密集，但是新中国成立之初，我国资本非常短缺。在这种条件下，要保证城市和工业的利益，就只能牺牲农村和农业的利益。由此，在重工业优先发展战略下，我国就形成了城市偏向政策,或称之为非农偏向政策。

(二)城市偏向政策的形成

"所谓城市偏向政策就是指国家在制定公共政策的过程中,利益分配偏向于城市,而忽视农村。城市偏向政策主要体现在国家财政资源分配方面,即国家为城市提供了明显多于农村的财政资源,从而为城市提供了明显多于农村的公共产品,使城市居民享受到了更多的公共服务。"[1]如 1952 年 6 月,政务院发出《关于全国各级人民政府、党派、团体及所属事业单位的国家工作人员实行公费医疗预防的指示》,在国家机关、人民团体和学校等部门的公职人员中实行了公费医疗制度。再如,"一五"计划规定,至"一五"计划完成,城市每千人口有病床由 1952 年的 1.92 张增加到 1957 年的 2.98 张,增幅为55%;而农村每千人口有病床则由 1952 年的 0.11 张增加到 1957 年的 0.14张,增幅为 27%。[2]

在基础教育方面,为集中力量优先发展工业和城市,1953 年 11 月,政务院首次政务会议通过的《政务院关于调整和改进小学教育的指示》强调,"乡村公立小学,以整顿提高为主,一般不作发展;重点放在工矿区、城市"。[3] 城乡教育的差别化政策由此开始,"人民教育人民办"在农村就变成了"农村教育农民办"。由此,城乡教育的差距也开始逐渐拉大。1985 年中央通过的《中共中央关于教育体制改革的决定》提出,"实行基础教育由地方负责、分级管

---

① 曲延春、王淑晴:《乡镇政府职能转变的制约因素论析:整体性视域》,《农业经济问题》2016 年第 8 期。

② 崔义田:《第一个五年计划中的卫生保健工作》,中华全国科学技术普及协会出版,1956 年版,第 4—5 页。

③ 黄维海、刘梦露:《城—镇—乡人口教育差距的演变及影响机制》,《教育经济评论》2016 年第 3 期。

理的原则"，这一原则在实践中实际上就是"县办高中、乡办初中、村办小学"。因而，城乡分治的教育政策实际上就是由农民承担农村基础教育这一公共产品的供给成本，不仅增加了农民负担，而且导致城乡基础教育差距不断扩大。

在基本建设投资方面，国家还专门安排资金用于城市公用事业建设。如在 1952 年，国家对城市公用事业的投资为 1.7 亿元，在第一个五年计划期间，国家对城市公用事业的投资达到了 14.4 亿元。①

城市偏向政策为重工业优先发展战略的实施提供了重要保障，但是同时也导致了城乡发展差距的不断扩大，城乡二元结构成为我国社会的重要特征。并且，虽然我国开始实行工业反哺农业、城市支持农村的政策，但是城市偏向政策已经形成了一定的路径依赖且难以改变。"如 2000—2003 年，村镇人均公用设施投资分别为 36 元、42 元、68 元和 67 元，同期城市人均公用设施投资分别为 487 元、658 元、887 元和 1320 元，公用设施投资的城乡差距从 13.5:1 扩大到 19.7:1。"②"2008—2012 年间，城市与农村相比，每千人口医疗卫生机构床位数的均值为 2.32，最高值达到 4.32。"③"2013 年，按市县统计的每千人拥有的执业医生数为 3.39 人，注册护士数 4 人，医疗机构床位数为 7.36 张；而农村每千人拥有的执业医生数为 1.48 人，注册护士数 1.22 人，医疗机构床位数为 3.35 张，城乡之间的差距由此可见。"④

城市偏向政策不仅体现在国家层面的制度设计上，而且体现在地方政府身上，在我国分税制财政体制下，省、市级政府也会形成城市偏向政策，"中国

---

① 国家统计局编：《伟大的十年》，人民出版社 1959 年版，第 49 页。

② 张文成：《建设中国特色的社会主义新农村》，《小城镇建设》2005 年第 11 期。

③ 陈萍、李平：《如何矫正城乡一体化政策的城市偏向——基于 1978—2012 年省级面板数据的分析》，《人民论坛·学术前沿》2014 年第 14 期。

④ 李燕凌、喻琪：《我国基本公共服务供给的现状分析与思考》，《经济研究导刊》2015 年第 13 期。

式财政分权体制对地方政府行为产生政治和财政的双重激励,地方政府官员为了追求政治利益、财政利益和私人利益,将更多的财政资源投入到了城市地区,导致了基本公共服务供给城市偏向"①。

(三)重工业优先发展战略和城市偏向政策的影响

在重工业优先发展战略和城市偏向政策下,乡镇政府的主要任务就是从农村汲取资源。在人民公社时期,国家财政基本不负担农村公共产品供给的成本,农村公共产品的主要供给主体是人民公社和生产大队,供给成本主要由农民承担,农民承担供给成本的主要方式就是通过工分、义务工等进行分摊。1958 年后,随着人民公社化运动的兴起,我国所有的乡镇政府都改为了人民公社,人民公社的角色就成为了国家从农村汲取资源的工具。国家汲取农村资源的方式主要是通过压低农产品价格、提高工业品价格形成价格剪刀差等方式实现。农村无偿支持城市的资金,据不完全统计,"1953 年至 1981年间,农业通过价格转移、交纳税金等向国家提供的剩余产品约 7000 多亿元,加上农业集体组织内部积累,共计 8000 多亿元,相当于中国同期积累资金总额 15000 多亿元的 50% 以上"②。集体化时期,由于农村公共产品供给成本主要通过工分、义务工等方式分摊,因而农民负担是隐性的,人民公社在这一时期的汲取功能并不明显。

1978 年农村改革后,随着家庭联产承包责任制的实施,农村集体经济解体,人民公社全部改为乡镇政府,农民由人民公社时期的高度"组织化"状态变为高度分散的"原子化"状态。农村公共产品供给成本的分摊方式变成了

---

① 姜晓萍、肖育才:《基本公共服务供给对城乡收入差距的影响机理与测度》,《中国行政管理》2017 年第 8 期。
② 刘国光主编:《中国经济发展战略问题研究》,上海人民出版社 1984 年版,第 409 页。

农民缴纳税费、提留统筹以及各种集资摊派,农村公共产品供给成本还是由农民承担,但是由集体化时期的"隐性化"变为"显性化"。并且,虽然人民公社体制解体,但是"只要国家仍然要采用不平等的积累方式从农业中获取工业化所需资源,就必然需要保留一种为此目标服务的农村社区组织。无论是最基层的政府(乡镇)还是农民自治组织(村)都无法规避这种职责和义务"①。因而,收取农村税费成为乡镇政府的主要工作,乡镇政府的汲取功能凸显。因此,有学者将乡镇政府在1978年之后到2006年农业税取消前的主要工作总结为两个方面,即"要钱"和"要命","要钱"即收取税费提留、集资摊派,"要命"即计划生育工作。

2006年1月1日起,我国全面取消农业税。同时,国家提出了工业反哺农业、城市支持农村的战略方针。应当说,农业税的取消标志着乡镇政府汲取功能的结束,因此,农业税的取消是乡镇政府职能转变的重要契机,且为乡镇政府职能转变提供了良好的制度环境。但是,农业税取消后,乡镇政府并没有如学者所想的那样实现从"汲取型"政府向服务型政府的自然转变。从现实情况来看,乡镇政府虽然不再是国家从农村汲取资源的工具,但是也没有真正担负起为农村农民提供公共产品的职责。其原因除乡镇政府出于自身利益的考量之外,另外的重要原因之一就在于我国重工业优先发展战略与城市偏向政策的影响,这种影响在一定程度上已经形成了路径依赖,制约了以后的制度选择。路径依赖的形成,一方面,在于制度本身所具有的历史惯性,一种制度形成后会有自身的历史延续性;另一方面,在于初始制度选择导致的利益格局会形成维持路径依赖的重要力量,制度的改变就意味着必须打破原有的利益格局。"在城市偏向政策下,城乡差距较大

---

① 林毅夫、蔡昉、李周著:《中国的奇迹:发展战略与经济改革》(增订版),格致出版社、上海三联书店、上海人民出版社2014年版,第108页。

的状况难以根本改变,城乡利益不断分化并形成固化,城市群体作为城市偏向政策的利益既得者,成为维系这一政策的重要力量。"①所以说,虽然农业税的取消为乡镇政府职能转变提供了重要契机,并且国家开始实施工业反哺农业、城市支持农村的战略,但是重城轻乡、重工轻农的发展模式在短时间内难以改变。

二、行政管理体制与财政管理体制:中观因素

相比于重工业优先发展战略和城市偏向政策,对乡镇政府的行政管理体制和财政管理体制则可称之为中观因素。下书我们就从这两个方面对农村公共产品供给中乡镇政府责任存在问题的原因进行论析。

(一)乡镇政府压力的形成与传导:压力型体制下的乡镇政府

"行政管理体制是指政府为了保证行政管理顺利实施而建立的各项规章制度和机制的总和,其主要内容是国家各级行政机构如何设置以及由此产生的行政职权划分问题,核心是各级政府间的权力运行机制。"②从中央到地方,我国有五级政府,在这五级政府中,乡镇政府处于纵向政府层级的最底端,因

---

① 曲延春、王淑晴:《乡镇政府职能转变的制约因素论析:整体性视域》,《农业经济问题》2016 年第 8 期。
② 曲延春、王淑晴:《乡镇政府职能转变的制约因素论析:整体性视域》,《农业经济问题》2016 年第 8 期。

而,在政府权力分配中,乡镇政府要服从于上级,相对拥有的行政权力最小。目前,乡镇政府行政管理体制最重要的特征就是压力型体制。

压力型体制是 1993 年荣敬本等在河南省新密市调研时开始关注的一种政治现象。所谓压力型体制,"指的是一级政治组织(县、乡)为了实现经济赶超,完成上级下达的各种指标而采取数量化任务分配方式和物质化的评价体系。为了完成经济赶超任务和各项指标,该级政治组织(以党委和政府为核心)把这些任务和指标,层层量化分解,下派给下级组织和个人,责令其在规定的时间内完成。然后根据完成的情况进行政治和经济方面的奖惩"①。压力型体制这一概念自提出以来,得到学界广泛认同,成为解释县乡政府运行机制的重要理论框架。同时,学界也普遍认识到压力型体制的负面影响,有学者提出了压力型体制的改革对策。但是直至目前,压力型体制仍对乡镇政府运行有着重要影响,甚至可以说,压力型体制不但没有消减迹象,反而有强化之势。因而,压力型体制在很大程度上制约着乡镇政府职能的发挥,影响着农村公共产品供给。下面我们以山东省、湖北省、陕西省部分县(区)为例进行分析。

1. 乡镇政府压力的形成

乡镇政府的压力主要来自于县级政府,因为对于乡镇政府来说,其直接面对的上级政府就是县级政府。乡镇政府压力形成的机理在于县级政府对乡镇政府的管理方式。县级政府对乡镇政府进行管理的重要途径就是通过设定一系列指标对乡镇政府进行工作考核,考核指标的设定每个县区会根据自身实际有所不同,但是一般会包括基层组织建设、农村经济、社会稳定、城镇化发展等内容,采取百分制或千分制量化考核方式,这些考核指标也就成

---

① 《县乡人大运行机制研究》课题组:《县乡两级的政治体制改革:如何建立民主的合作新
　　体制》,《经济社会体制比较》1997 年第 4 期。

为了乡镇开展工作的依据。通过一系列考核指标的设置和一定考核方式的实施,乡镇政府的压力便开始形成。

在传统的考核指标体系中,各级政府最为看重的就是 GDP 指标。因而,围绕如何增加 GDP 总量、提升 GDP 增长速度等经济行为就成为了乡镇政府的主要工作。自科学发展观提出后,县级政府一定程度上注重了对乡镇工作考核的全面性,但是 GDP 指标依然最为重要。2013 年中央组织部下发的《关于改进地方党政领导班子和领导干部政绩考核工作的通知》明确指出:"不能仅仅把地区生产总值及增长率作为考核评价政绩的主要指标,不能搞地区生产总值及增长率排名。地方各级党委政府不能简单以地区生产总值及增长率排名评定下一级领导班子和领导干部的政绩和考核等次。""选人用人不能简单以地区生产总值及增长率论英雄。"在这一《通知》的明确要求下,各地不再将 GDP 作为考核内容,但是在县级政府对乡镇政府的考核指标中,地方财政收入、招商引资情况等经济发展状况还是所占分量最重的内容。

(1)山东省 YX 县的乡镇考核指标。以山东省 YX 县为例,2017 年度 YX 县乡镇科学发展综合考核包括共性指标 950 分和个性指标 50 分,共计 1000 分。其中共性指标包括全面建成小康社会(经济类)指标 28 项,权重共计 315 分;全面建成小康社会(民生类)指标 36 项,权重共计 250 分;全面从严治党指标 14 项,权重共计 140 分;全面深化改革指标 8 项,权重 45 分;全面依法治县指标 17 项,权重共计 120 分;机关规范建设指标 14 项,权重共计 80 分。这六大类指标又各自包含若干更细的考核指标和权重,并规定了每一指标的牵头考核单位。以所占权重最大的经济类指标为例:

表4－3　山东省 YX 县 2017 年度乡镇科学发展综合考核共性指标

序号	板块		考核指标	权重	牵头考核单位
1	全面建成小康社会（经济类）	财税工作	一般公共预算收入全年预期目标完成情况	40	县财政局 县国税局 县地税局
2			主体税收收入	12	
3			主体税收收入增长率	18	
4			主体税收收入占一般公共预算收入比重	12	
5			主体税收收入占一般公共预算收入比重提高幅度	18	
6		居民可支配收入	城镇居民可支配收入及增长率（街道）农村居民可支配收入及增长率（乡镇）	10	县人社局 县农业局
7			地区生产总值及增长率	15	县发改局 县统计局
8			固定资产投资及增长率	15	
9			战略性新兴产业增加值及增长率	5	
10			新旧动能转换推进情况	30	
11			社会消费品零售总额及增长率	5	县经信局 县统计局
12			服务业占生产总值的比重及提高幅度	5	县服务业发展局 县统计局
13			大力发展生产性、生活性服务业	5	县服务业发展局
14			研发经费占生产总值比重及提高幅度	5	县科技局 县统计局
15			高新技术产业产值占规模以上工业总产值比重及提高幅度	5	
16			规模以上工业增加值及增长率	10	县经信局 县统计局
17			单位生产总值能耗下降率	10	
18			电子商务发展状况	5	县经信局
19			中小微企业发展	5	
20			招商引资任务完成情况	30	县商务局
21			品牌战略	5	县工商局 县质监局
22			营商环境	10	县工商联
23			人才发展指数	15	县人才办
24			农业科技创新	5	县农业局 县科技局
25			新型农业经营主体建设	5	县农业局
26			粮食总产量	5	
27			高效生态农业占农业总产值比重提高幅度	5	
28			畜牧业生产、"粮改饲"示范县建设与重大动物疫病防治	5	县畜牧兽医局

（2）山东省 ZC 市的考核指标。再以山东省 ZC 市为例，2016 年，ZC 市把全市 16 个乡镇（办事处）分为四类，即园区工业镇、城建服务镇街、区域中心镇、生态农业镇。对镇街的考核实行双千分考核。对各类型镇街分别设置共性指标、特色指标和个性指标，进行差异化考核。其共性考核指标共计 1000 分，具体如下：

党建工作（300 分）：包括党风廉政建设 100 分，基层组织建设及村级"三个全覆盖"工作 130 分，宣传思想和精神文明工作 70 分。单位领导班子成员及工作人员受到问责处理、党政纪处分，"三个体系"评议较差以及出现重点负面舆情事件的予以扣分，扣分不保底。由市纪委（监察局）、市委组织部（下派办）、市委宣传部分别制定考核细则。

社会稳定（200 分）：包括信访、平安建设、网络安全、安全生产、食品药品安全、依法治市等工作，由市委政法委制定考核细则。

民生民意（350 分）：包括教育工作 40 分，卫生工作 40 分，就业养老 40 分，低保救助 40 分，残疾人保障 30 分，公共文化 50 分，环境保护 70 分，"三个平台"投诉下降率 40 分，市委市政府交办和"三个平台"交办问题办理不力、群众不满意的予以扣分，扣分不保底。

观摩评议（150 分）：结合科学发展现场观摩组织民主评议，上半年、下半年各组织一次，按 5∶5 计算全年成绩。

群众满意度：上半年、下半年各组织一次群众满意度电话调查，调查结果作为共性指标的考核系数。各民生部门要把群众满意度作为检验工作成效的重要指标。

个性指标的设置根据镇街分类的不同而有所侧重。如对园区工业镇考核如下指标：

百项重点工程（150 分）：由各指挥部（委员会、领导小组）制定考核细则，根据镇街承担工程完成情况考核计分,已纳入共性指标和个性指标考核的不重复考核,土地综合整治纳入城市建设指挥部考核,下同。

园区经济(500分):国地税收入100分,新上产业大项目建设150分,产业发展指标完成情况210分,侧重考核工业发展指标;现代农业发展40分。

创新发展(100分):高新技术产业发展30分,人才工作20分,规模以上工业企业设备投资、利税增长20分,民营经济发展环境和市场主体增长30分(发展环境10分,市场主体中新增企业占80%,新增个体工商户和农民专业合作社占20%)。

国家级园区创建(100分):主要考核创建国家级经济开发区工作开展情况,由××大工业板块管理委员会制定考核细则。

美丽乡村及生态建设(150分):美丽乡村建设80分,生态绿化20分,养殖污染治理20分,自来水达标率覆盖率及水利建设30分。

再如对生态农业镇考核如下指标:

百项重点工程(120分)。

镇域经济(400分):包括国地税收入100分,新上产业大项目建设(含异地安置)100分,产业指标完成情况130分,现代农业发展70分。

创新发展(50分):人才工作10分,规模以上工业企业设备投资、利税增长10分,民营经济发展环境和市场主体增长30分。

新型城镇建设(180分):主要考核基础设施建设、小城镇重点项目建设、小微产业园建设等工作。

美丽乡村及生态建设(250分):美丽乡村建设100分,生态绿化40分,生态旅游40分,养殖污染治理30分,自来水达标率覆盖率及水利建设40分。

(3)湖北省XN区乡镇政府考核指标。根据《2017年全区目标管理考核办法》,XN区将全区16个乡镇场街道分三列考核。考核指标体系分为5大类43个小项。

第一类为经济指标,共 15 项:

财经指标,分为国税收入、地税收入 2 项。

招商引资指标,即到位金额 1 项。

工业指标,分为规模以上工业总产值、新增规模以上工业企业个数 2 项。

农业指标,分为农业产值、人均收入 2 项。

投资指标,分为固定资产投资、工业投资占比 2 项。

项目指标,分为项目建设、服务区级重点项目 2 项。

商贸指标,分为新增个体工商户数、新增私营企业户数、完成限额以上社会消费品零售额、新增限上单位个数 4 项。

第二类为党的建设,分为党风廉政、基层党建、宣传文化、统战工作、深化改革 5 项。

第三类为精准扶贫,分为村出列户脱贫、产业扶贫、基层基础、民政保障、社会保障、教育保障、住房保障、计划生育 8 项。

第四类为安全稳定,分为信访工作、综治维稳、安全工作、依法治区、食药监管、疫病防治 6 项。

第五类为环境保护,分为垃圾治理、污水处理厂建设、河湖长制、秸秆焚烧、美丽乡村、四城同创、老城改造、示范街建设 8 项。

对于以上 5 类指标,考核办法规定,1. 考核采取百分制的办法,指标体系中的 5 大类基础分为 100 分。2. 在经济指标中,对新增规模以上工业企业个数、工商户数、私营户数、限上个数,完成任务的计满分,没有完成任务的按比例计分。3. 其他指标,全部实行排名赋分制。第一名得基本分 N 分,从第二名开始,第一列名次每降一位减 0.05N 分,第二列名次每降一位减 0.2N 分,第三列名次每降一位减 0.1N 分。

考核指标的分值决定了乡镇工作的重点。如在山东省 YX 县总分 1000 分的考核体系中,经济建设占了 315 分,大大超过民生类和其他类指标。因而,对于乡镇政府来说如何推动经济发展仍是最主要的工作。而决定乡镇税收收入、人均地区生产总值、工业增长率等经济指标的关键因素就是招商引资。因为对于乡镇政府而言,能够在短时期内完成上述指标、拉动乡镇经济增长的最有效措施就是招商引资。因而,在很多地方,乡镇干部把主要精力用于招商引资也就不足为奇了,甚至有的乡镇要求做到全员参与、主动出击,形成人人有任务,个个有压力的招商氛围。而为了完成招商引资目标,一些乡镇还会对招商引资的项目在税收、土地等方面给予各种优惠政策,在基础设施建设、企业征地等各个环节提供"保姆式服务",为招商引资创造所谓的良好环境。

而即使是给予"保姆式服务",多数乡镇由于地理区位、资源禀赋等因素的影响,也不一定能够完成招商引资任务。虽然上级政府对乡镇的考核不再以 GDP 为中心,但是税收收入仍是普遍的考核指标。而在考核中,税收收入每年都要有一定幅度的增长,如果完不成招商引资任务、没有大的工业企业项目,那么税收指标的完成就相当困难。在这种背景下,"买税"成为部分乡镇完成税收指标的主要途径。"买税"亦称"引税",也就是乡镇政府通过一定的税收优惠政策吸引乡镇地域外的纳税人在本乡镇缴税,从而完成税收指标的现象。在上世纪末到本世纪初,"买税"主要在我国中西部地区的乡镇盛行。"买税"不仅违反税收公平的原则,破坏国家税收秩序,而且引发腐败,增加乡镇财政负担。经过整顿,这种行为一度得到有效遏制。但是最近几年又死灰复燃,如江西省上高县下面的一个人口不到 1 万人的乡,财税任务为3000 万,而其辖区内实际税源不到 500 万,其他部分只能靠乡村干部去"买",除了极少部分经济效益好的乡镇外,大部分乡镇都存在"买税"现象。① 甚至有的乡镇为了完成税收任务,将税收指标分解到每个村庄,如江苏省赣榆县

---

① 《收税任务年年涨,乡镇无奈"买税"充账》,《人民政协报》2015 年 4 月 13 日第 6 版。

班庄镇瓦屋村在 2013 年承担镇里的引税任务是十来万,为了引税,就必须给对方贴税即好处,贴税从两成到六成不等。瓦屋村在 2013 年上半年征收税费 30902.92 元,付引税贴税 18541.75 元,贴税比例为六成,完成 10 万元的引税任务就得贴税 6 万元。此外还要给对方送礼,联络感情,争取"回头客"。[①] 在湖北省部分县区调研的过程中,乡镇干部普遍认为,乡镇政府"买税"虽不合理,但是却是完成税收指标的好办法,并且成为多数乡镇的共同做法。

在上级政府的考核机制下,乡镇政府的工作完全是围绕考核指标转,乡镇政府基本成为了县级政府的延伸,其行为基本都在县级政府的控制之下,乡镇政府的自主权越来越少。同时,目前对乡镇政府的"一票否决"太多太滥,让乡镇干部整天就像在走钢丝。如陕西省 M 县《2017 年度目标责任考核暨领导班子和领导干部年终考核工作安排意见》就规定,在年度考核中,因党风廉政建设、社会稳定、安全生产、环境保护、人口和计划生育、信访、县域经济发展指标、脱贫攻坚等有关工作被"一票否决"的,按照规定,直接确定为较差等次。另外,省、市、县下乡"督察""调研"太多,有的乡镇干部坦言 60% 的精力用来应付上级,真正抓工作落实的时间有限,几乎没有时间去考虑为农民办实事。在湖北省 YM 县 SH 乡调研时,该乡乡长说,自己统计了一下,县级政府规定的乡镇政府的职责有 83 项之多,一个乡镇政府要面对县里 65 个局级职能部门,乡镇要签订譬如基本农田保护、秸秆焚烧、环境保护、安全生产、信访维稳等一系列责任状,乡镇党委政府基本成为了县里各个局的二级单位。同时,乡镇政府权责不对等,职责太多,而权力很少,可谓"权力无限小、责任无限大"。特别是乡镇政府没有执法权,但是还要执法,而真正的具有执法权的县里各个局却在监督、考核乡镇政府,执法者变成了监督者。所

---

① 《送蓝莓,为的是引税买税——赣榆县班庄镇瓦屋村一张蓝莓发票背后的真相》,《新华日报》2013 年 8 月 7 日。

以说,这些年来,乡镇政府职能虽有一定转变,但是服务型政府建设更多是停留在文件上,实质性探索不多。

2. 乡镇政府压力的传导

乡镇政府不仅自身承受来自上级政府的压力,部分乡镇还将这种考核方式向下延伸,对农村也设定一系列的考核指标,让每个村庄完成指标任务。如山东省 J 县 S 镇就制定了《二〇一五年度社区及农村工作目标责任制考核办法》和《二〇一五年度农村工作岗位目标责任制考核细则》,其中《考核细则》规定,年内新招引超 1000 万元的工业、服务业项目且主体工程开工建设的单位,给予"一票优先",直接定为一等奖。可见乡镇对于招商引资工作的重视程度。

除招商引资任务外,S 镇《考核细则》规定的对农村的考核指标还包括农村组织建设、精神文明建设、党风廉政建设、社会治安综合治理工作、武装工作、农村财务工作、计划生育工作、民营经济、农业农村工作、安监环保、信访稳定工作、美丽文明乡村行动及环卫一体化、土地管理工作等内容。在农业农村工作方面,又包括财政税费征收工作、新农保工作、新农合工作、民政工作、农田水利建设、农村公路养护及绿化、畜牧防疫、农机推广等工作。而在农村公路养护方面,乡镇也把政府部门应该承担的公路养护任务推到村集体身上。《考核细则》规定,路面出现损毁村集体出资处理及时,否则扣 5 分;路肩培护到位,冲毁后村集体出资及时维护到位,否则扣 5 分;桥涵及路肩护坡损坏,村级发现及时,每出现 1 次发现不及时或不上报的扣 5 分,公路两侧排水通畅,出现阻塞村级及时组织疏通,否则扣 5 分。这些考核规定与相关制度显然违背。2008 年 9 月 25 日山东省第十一届人民代表大会常务委员会第六次会议通过的《山东省农村公路条例》明确规定,乡(镇)人民政府在县级人民政府确定的职责范围内,负责乡道和村道的建设和养护工作,村民委员会的职责是协助乡(镇)人民政府做好本村村道日常养护的组织实施工作。因而,

S 镇政府对农村的考核指标显然是把政府应该承担的职责强推给村民自治组织。同时,由于公路养护需要具备一定的专业技能,《山东省农村公路条例》专门指出,农村公路养护应当按照技术规范和操作规程进行。而一般农民显然难以具备公路养护的专业知识,也很难了解技术规范和操作规程,所以农民在技术上也难以承担这样的工作任务。而即使是要求村庄承担公路养护的任务,《山东省农村公路条例》也明确规定,通过村庄的村道,其村内部分可以由村民委员会按照国家和省有关规定,在遵循村民自愿、量力而行的原则下,采取"一事一议"筹资筹劳和政府奖补相结合的方式筹集建设、养护资金。按照这一规定,村民自愿、量力而行是原则,S 镇的考核要求对于村民委员会显然是强制性要求,违背了这一原则。因此,在这样一个考核体系下,乡镇政府显然是把村民委员会当作了自己的延伸,而没有把村民委员会看作是村民自治组织。

再如湖北省 YM 县 SH 乡,为了全面掌握全乡各村(社区)年初目标任务完成情况,根据《SH 乡目标管理考核办法》,乡政府制定了《SH 乡目标管理考核工作方案》,其中规定,SH 乡对各村(社区)的考核指标包括以下内容:1. 党建工作考核 20 分(基层党建 7 分,党风廉政建设 7 分,人武 3 分,宣传文化 3 分);2. 综治信访维稳工作 12 分(综治、维稳、信访、法治);3. 计划生育工作 5 分;4. 环境保护 10 分(秸秆焚烧、垃圾综合处理、乱搭乱建等);5. 中心工作 10 分(两金征收);6. 农业农村工作 10 分(病虫防治、农田水利、防汛抗旱等);7. 精准扶贫民政工作 10 分;8. 满意度测评 10 分;9. 兴办实事工作 5 分;10. 三资管理 8 分。考核方案规定,平时考核主要以考勤管理为主,年终考核由工作专班根据各项工作考核细则到村(社区)逐项现场考核打分。不需要到村考核的项目由相关负责人根据平时工作情况据实考核打分。综合测评工作由乡班子成员、机关干部、村支部书记和部门负责人集中统一打分。

陕西省 M 县 CX 镇也对所辖各村制定了目标考核指标,根据《CX 镇各村

2018 年共性目标任务一览表》,其考核指标包括:生态环境 23 分(农村环境综合整治、现代农业发展美丽乡村建设及绿化工作、城镇建设和管理提升、乡村振兴、生态环保和节能减排),民生保障 21 分(脱贫攻坚、文化事业发展、卫生计生重点工作、民政重点工作、农产品质量安全、食品药品安全),法治建设 15 分(优化发展环境、信访稳定社会治理创新和平安建设、安全生产、土地管理),从严治党 21 分(村级班子及党员队伍建设、基层党建提升、作风建设、统战工作),共性指标共计 80 分。另外还有各村特色目标任务 20 分。分析其共性任务指标,部分指标的设置对于农村来说基本属于摆设,如其民生保障指标中的食品药品安全指标规定"加强工作协调,组织开展食品药品安全专项整治和日常监管工作,专项整治不少于 5 项,打击制售假冒伪劣违法犯罪行为结案率 95% 以上,让人们吃得放心"。对于这一指标,我们实在无法想象如何考核村民自治组织打击制售假冒违法犯罪行为的结案率。

由此可以看出,一方面,乡镇政府在面对县级政府的时候可谓"权力无限小、责任无限大",但是另一方面,在面对村民自治组织的时候,又对村民自治组织管得过细、过严。乡镇政府与村民自治组织之间的关系成了实际上的领导与被领导关系,乡镇政府之手可谓伸得过长。

总之,在县级政府一系列的考核指标下,乡镇政府只能围绕考核指标开展工作。并且由于考核指标设置不科学,因而乡镇政府根本无法将公共服务职责摆在首位。不仅如此,乡镇政府为了完成工作指标,还会通过同样的方式将自身的压力向下传导,从而,将村民自治组织实质上纳入到了行政管理体制之中。

（二）乡镇财政困境及其成因：分税制改革背景下的乡镇财政

"乡镇公共财政体制建设解决的主要是乡镇政府提供公共产品和服务的

财力保障问题"①,"财"是"政"的基础,没有一定的财力作基础,政府就难以行使自身的职责,更谈不上为社会公众提供公共产品。当前,乡镇财政的总体状况是乡镇普遍债务负担沉重,这已经成为影响乡镇政府正常运转的重要因素。根据国家审计署发布的报告显示,"全国有3465个乡镇政府负有偿还责任债务的债务率高于100%,全国乡镇政府负偿还责任、担保责任或救助责任的债务分别达3070.12亿元、116.02亿元和461.15亿元"②。有研究认为,全国乡镇财政负债估计在2000—2200亿元左右,全国共45462个乡镇政府,平均每个乡镇负债400万元左右。并以每年超过200亿元的速度膨胀,乡镇债务覆盖率高达80%以上。③ 因而,目前相当多的乡镇成为"吃饭型财政"甚至"要饭型财政"。导致乡镇财政困境的主要原因有以下几个方面:

1.分税制改革的实施

1994我国开始实施分税制财政管理体制改革,分税制改革的目的在于理顺中央和地方的财政关系、提高中央政府财政收入在全国财政收入中的比重。在分税制改革中,除消费税全部归中央政府外,税源稳定、税基规模大的增值税和所得税成为共享税。而税源不稳定、税基较小、难以征收的房地产税、印花税、农业税等成为地方税。分税制改革形成了财权不断往上集中、事权不断往下下放的特征。并且,1994年的分税制改革只是在中央和省级政府之间实行了分税,而对于省级以下的政府而言,并没有真正迈入分税制的门槛。分税制改革的实施确实达到了提高中央财政收入的目标。分税制改革前的1992年,中央财政收入比重仅为28.1%,但是1994年就提高到了55.7%,2000年至2010年,中央财政收入比重一直没有低于50%。但是中央

---

① 任宝玉:《乡镇治理转型与服务型乡镇政府建设》,《政治学研究》2014年第6期。

② 《乡镇政府不能总当"老赖"》,《中国青年报》2014年8月20日。

③ 于水、姜怜悯:《乡镇债务形成原因及其预警机制的构建》,《江西农业科学》2012年第2期。

财政支出比重却没有提高,反而呈下降趋势。1992 年中央财政支出比重为 31.3%,1994 年为30.3%。2011 年至 2016 年中央财政收入比重虽从 49.4% 下降到45.3%,但其财政支出比重也从 15.1% 下降到 14.6%。[①]

可以看出,在分税制改革中,中央政府首先考虑自身利益。同样,省级政府和市地级政府在财政分配中也会效仿实行。因而,在财政收支分配的利益博弈中,处于最末梢的乡镇政府处于最弱势的地位,难以争取自身的利益,因而其获得的财政利益最少。

2. 农业税的取消

对乡镇财政收入产生较大影响的第二个因素就是农业税的取消。1978 年农村改革后,随着人民公社全部改为乡镇政府,为了调动乡镇政府的财政积极性,乡镇财政的管理体制由人民公社时期的"统收统支"体制改成了"分灶吃饭"的财政包干体制。管理体制的改革确实调动了乡镇财政的积极性,但是在"分灶吃饭"体制下,乡镇财政收入有限,因而乡镇预算内财政缺口也不断增大。在这种情况下,乡镇政府必然需要其他途径解决乡镇财政问题。由此,制度外财政逐渐成为乡镇政府的重要收入来源。而制度外财政的不断膨胀最终导致农民不堪重负。随着农村税费改革的实施特别是农业税的取消,彻底解决了农民负担引发的农民与基层政府的矛盾问题。但是农业税的取消对乡镇财政影响很大。在农业税取消前,农业税虽占国家财政收入的比重有限,但却是乡镇政府财政收入的主要来源。这是因为,乡镇政府除了征收农业税,同时还向农民征收三提五统以及各种集资摊派,并且三提五统和集资摊派往往比农业税还要多,即所谓"头税轻、二税重、三税是个无底洞"。农业税的取消,不仅取消了农业税本身,而且取消了三提五统、集资摊派等所有向农民搭车收费的项目,因而,农业税的取消使乡镇政府的财政收入锐减。

[①] 数据来源:《中国财政年鉴 2017》,第 352—354 页。

农业税取消后,乡镇政府的财政收入主要依靠上级转移支付和市县统筹,但转移支付等资金难以满足乡镇需要。这就使得乡镇政府在忙于招商引资等经济活动之外,还会把目光盯在国家给予农村的各种专项补助资金上面。在乡镇,这些专项资金被挪用成为常态,专项资金并不能用于专项建设,而是用于维持乡镇政府的日常运转,财政资金到了基层形成巨大的财政"漏斗"。这就极大地挤占了公共财政资源,成为农村公共产品供给不足的重要原因之一。

3."乡财县管"的推行

"乡财县管"在我国开始推行的时间是 2006 年,推行"乡财县管"改革措施的目的主要是规范乡镇政府预算收支行为,加强乡镇财政管理,防范和化解乡镇债务风险。"乡财县管"虽在一定程度上规范了乡镇财政收支行为,但也大大减少了乡镇政府的财政自主权,制约了乡镇政府职能的发挥。原因就在于"乡财县管"降低了乡镇政府增加财政收入的积极性和主动性。实行"乡财县管"后,乡镇政府对于自身财政的掌控能力减弱,因而,乡镇政府的职能被削弱,其主体作用的发挥受到限制。并且,由于实行"乡财县管",乡镇政府的财权与事权失衡,在事权不变的前提下,财权受到制约。部分乡镇认为,即使有再多的财政收入,支出也不是乡镇政府说了算。因而,乡镇政府创收挖潜的积极性受到较大影响。在"乡财县管"体制下,"进入新世纪以来乡镇政府运行的基本特点是,乡镇财政已经基本被整合进县市财政运行中去。乡镇本身的财政压力减轻,乡镇政府财政自主性也减少,与此同时,乡镇政府面临来自县级政府更多的压力和控制。在这种情况下,县乡政府日常运行中的摩擦和冲突不断增加"①。

---

① 赵树凯:《县乡政府治理的危机与变革——事权分配与互动模式的结构性调整》,《人民论坛·学术前沿》2013 年第 21 期。

4. 地域经济的影响

经济发展水平很大程度上决定着财政状况,以山东省为例,从总体来看,山东省县域经济发展水平较低,不同地区之间县乡财政状况差距较大。如根据笔者调研数据,以邹平县为例,2015 年魏桥镇地方财政收入为 4.938 亿元,明集镇为 1.0618 亿元,台子镇为 0.5214 亿元。再以高青县为例,从 2014 年高青县各乡镇(街道)地方公共财政预算收入看,最高的田镇街道办事处为15396 万元,最低的黑里寨镇只有 1734 万元,前者是后者的 8.8 倍;从支出规模看,2014 年田镇街道办达到 5510 万元,而黑里寨镇只有 793 万元,前者是后者的 6.95 倍;从人均财力看,2014 年田镇街道办事处达到 32.03 万元/人,而黑里寨镇只有 9.44 万元/人,镇域间差距巨大。

另外,营改增政策的实施对于县乡财政也有一定影响。如属于国家级贫困山区乡镇的云南省会泽县矿山镇,"面积 208 平方千米,人口 2.5 万余人,经济来源以农业为主。2013—2015 年营业税收入分别是:89 万元、101 万元、137 万元,2016 年 1—4 月营改增前营业税收入 79 万元,5 月 1 日起实行营改增后,5—12 月增值税(25% 部分)收入 68 万元,月平均增值税收入 8.5 万元换算为年化增值税收入 102 万元。从上面的数据不难看出,营改增后,增值税较上年营业税减收 35 万元。"①

总之,在分税制改革这一大的背景下,多数乡镇普遍财政困难,除分税制改革的实施这一原因本身外,农业税的取消、"乡财县管"的实施、地域经济发展水平以及营改增政策等都对乡镇财政产生了一定影响。

---

① 李有荣:《营改增对乡镇财政的收支影响及对策——以矿山镇为例》,《现代经济信息》2017 年第 9 期。

三、乡镇政府自身利益：微观因素

马克思主义认为，"人们奋斗所争取的一切，都同他们的利益有关"。可以说，一定的利益是人们行为的根本内在驱动力。公共选择理论也认为，在经济市场中，人的本性是"经济人"，那么在政治领域中，这一人性假设同样起作用，即一个人不会因为他从经济市场转入政治市场就只追求公共利益而不追求自身利益。"官僚并不总是代表公共利益，也并不一定比经济领域、社会领域中的行为者在道德上更为高尚。他们的行为实际上也经常为个人利益所驱动，他们有设法实现自身利益和部门利益最大化的动机。"①因而，由"经济人"组成的乡镇政府也会出于理性而追求自身利益最大化，这就体现为乡镇政府的自利性。乡镇政府自利性包括乡镇政府作为一个组织的组织团体自利性和乡镇干部个人的自利性，主要体现在以下三个方面：

（一）政治利益的追求

"对中国地方政府官员而言，政治晋升是政府行为逻辑的核心。"②相对于一般工作人员，乡镇政府主要领导对于政治利益的追求更为迫切。一般来说，任何一个处在行政金字塔之中的官员，都会关心其在"官场"中的升迁，当然这种升迁或为了施展自己的政治理想、展示自己的从政能力，或为了得到

---

① 唐文玉：《社会组织公共性与政府角色》，社会科学文献出版社 2017 年版，第 102 页。
② 姚金伟、孟庆国：《地方政府职能转型的行为逻辑分析》，《中国特色社会主义研究》2014年第 6 期。

工作认可,或为了获得随之而来更多利益。在我国当前的政治体制下,农民群众等"选民"的意见对于乡镇干部的任免几乎没有任何影响,决定乡镇干部升迁任用的主要是上级党委政府,特别是县级政府对乡镇的考核结果很大程度上决定着乡镇政府工作的好坏和干部的升迁任用。在这样的背景下,乡镇干部开展工作首先考虑的就是上级政府考核指标和工作安排,尤其是考虑如何做出能够让上级领导看得见、摸得着的"政绩"和"显绩"。而这些"政绩""显绩"主要体现在招商引资项目、城镇化建设等方面,这些工作往往会成为乡镇政府工作的"亮点",引起上级党委政府的重视,甚至成为县级党委政府以至更高层级党委政府等观摩学习的对象。如果能达到这个工作效果的话,那么乡镇政府的工作成绩自然凸显,这个乡镇主要领导在与其他乡镇主要领导的竞争中也会占据优势。并且,这些工作还会在上级政府对乡镇的考核中直接加分。以山东省 W 县为例,该县《2015 年度科学发展综合考核办法》就规定在镇街领导班子考核中,以下可以直接加分:①市委、市政府重大荣誉或通过文件、现场会议推广经验,每项加 1 分;省委、省政府重大荣誉或通过文件、现场会议推广经验,每项加 2 分(省直部门文件、现场会议,减半计分);中央、国务院重大荣誉或通过文件、现场会议推广经验,每项加 4 分(国家部委文件、现场会议,减半计分)。同一项目获多级荣誉的按最高分计算。②立项并完成市级重点项目,每项加 1 分;立项并完成省级重点项目,每项加 2 分。实际上,对于乡镇政府而言,虽然直接加分项目在考核指标体系中所占分值并不高,但是此类加分项目的最重要意义在于这些工作能够进入到上级党委政府的视野当中,因而,与分值本身相比,其为乡镇政府官员带来的政治利益更为重要。再如陕西省 M 县制定的《2017 年度目标责任考核暨领导班子和领导干部年终考核工作安排意见》也规定设立 2017 年度突出贡献奖,各镇(街)、各部门(单位)2017 年度(2017 年 1 月 1 日—12 月 31 日)获得市委、市政府及以上表彰奖励的,县委、县政府设立年度突出贡献奖,获奖按级别予以表彰奖励。这些类似规定实际上就形成了对乡镇政府的一种激励机制。因而,努力争取在自己乡镇召开现场会、经验交流会,出经验、出典型,就成为乡镇领导干部努力争取甚至不惜经济成本争取的目标。

但是对于多数乡镇而言,其拥有的能够创造"政绩"的资源禀赋是有限的,在资源禀赋有限的情况下,乡镇政府还要完成县级政府考核的诸多目标,这就导致了部分乡镇的策略主义运作逻辑,"似乎任何有助于实现短期目标的技术、策略、手段和方式,无论是正式的还是非正式的,正当的还是非正当的,均可被引入至乡镇的运作之中"①。

(二)经济利益的制约

在绝大部分乡镇,其政府工作人员的构成除了公务员和事业编制之外,还有大量的合同制和临时聘用人员,除部分富余人员之外,这些人员对于乡镇正常开展工作是必不可少的,但是这些人员的工资并未纳入财政开支范围,而是完全由乡镇政府负担。乡镇政府不仅要举办公益事业,而且要满足工作人员的生活需要,保工资、保运转。多重因素导致很多乡镇成为"吃饭财政"甚至"讨饭财政",在这种情况下,乡镇政府必然要关注自身财政收入,必然将自身经济利益放在重要位置。与为农民提供公共服务相比,乡镇政府更关心的是如何改善自身财政状况。财政状况的改善不仅可以"用于满足地方政府主要官员的在职消费、扩张政府规模和福利奖金、实施政绩工程、修建豪华办公场所等方面的支出,同时也可能包括官员在任期内为获得辖区居民好评而进行的财政支出等"②。并且,农业税取消后,由于乡镇政府在农民身上已经不能再获取任何经济利益,因而,乡镇政府基本失去了主动联系农民的

---

① 欧阳静:《资源匮乏、目标多维条件下的乡镇政府运作》,《改革》2011 年第 4 期。
② 张紧跟主编:《地方政府管理》,北京大学出版社 2015 年版,第 171 页。

积极性。对于为农民提供养老、医疗等公共服务工作，乡镇政府更多的是被动地执行落实国家政策，而不是出于乡镇政府的内在主观意愿。而对于调整农业种植结构、推广经济作物等工作更多的是为了提高乡镇政绩的驱动，并且，类似工作一般也是脱离农民实际需求，强制推广的结果往往是以失败而告终，农民对此多不满意。总而言之，取消农业税后，国家与农民的关系发生了根本改变，由于无利可图，因而除了国家政策强制要求之外，乡镇政府一般不会主动介入到农村事务之中，而是将其主要精力用于能够为乡镇政府带来直接经济利益的招商引资等微观经济活动方面，特别是引进工业项目，"因为相比于农业，工业能够带来更多的 GDP 增长和财政收入，不仅增加经济利益，而且增加乡镇干部政治晋升的机会"[1]。但是，对于多数乡镇而言，一般既没有资源优势，水电路等基础设施建设又比较落后，因而，能够被乡镇政府引到的企业一般都是耗能较高、污染较重而从城市产业转型升级中转移出来的。

为了实现经济增长，部分乡镇便向村集体加压，将县级政府对乡镇政府的考核办法和指标体系向农村延伸。如山东省 J 县 S 镇，镇党委、政府制定了《二〇一五年度社区及农村工作目标责任制考核办法》，规定村级工作考核按 1000 分制进行考核，其中重点工作包括：党建、宣传及精神文明建设工作 180 分，政法及维稳信访工作 180 分，人口与计划生育工作 200 分，经济建设和社会事业工作 440 分。并且规定，实行招商引资、工商税收工作"一票优先"制度。年度内凡招引实际投资在一千万元以上项目（经县招商部门考核认定）的招引村或落地村优先列入先进受表彰行列；年度内烟叶税及其他村属自主工商业项目税收合计达到 50 万元的村优先列入先进受表彰行列。除非具有明显的区位优势和资源优势，很难想象一个村庄能引进什么样的招商引资项

---

[1]　曲延春、王淑晴：《乡镇政府职能转变的制约因素论析：整体性视域》，《农业经济问题》2016 年第 8 期。

目。这种考核对于村庄基本就是摆设，其结果要么是各村庄直接对考核工作置之不理，要么是各村庄玩招商引资的数字游戏，这两种情况导致的最终结果都是乡镇政府执政权威资源的流失。

（三）个体利益的影响

实际上，乡镇干部的个体利益（个人利益）与政治利益、经济利益紧密相关，或者说，政治利益和经济利益是个人的重要利益目标。在此，我们从乡镇干部的微观角度分析个体利益。除前书我们已经探讨的乡镇工作环境差、条件艰苦、工资低、待遇差、晋升空间有限等因素外，还有一个重要因素影响着乡镇干部的个人利益，这就是身份。在一个社会中，身份不仅意味着出身和社会地位，而且直接影响着个人利益。一般来说，乡镇干部包括公务员、乡镇事业编制人员、工勤人员、合同制人员、大学生村官、选调生、临时工等几类人员。这些人员虽然都在乡镇政府工作，甚至在一个办公室干着同样的工作，但是由于身份不同，他们的工资待遇和成长机会完全不同。

在湖北省部分乡镇调研的过程中，乡镇干部不约而同提到了湖北省"以钱养事"改革对于乡镇政府职能转变的影响。所谓"以钱养事"就是通过市场机制，将乡镇政府原有的"七站八所"事业单位转变为社会中介服务组织、原有人员转变为政府购买服务的社会人，由政府花钱购买服务，改以往的"以钱养人"为"以钱养事"，从而达到实现乡镇机构改革和加强农村公益服务的目的。这一改革从 2003 年 6 月起在咸宁市咸安区试点，2006 年在湖北省全省推开，至今十余年的时间。在调研中，乡镇干部一致的反映是这一改革并不成功，有的乡镇干部坦言说"以钱养事"实际上还是在"养人"。之所以说这一改革并不成功，主要原因在于：一方面，这一改革并未真正促进农村公共服务效率的提升，反而由于工作人员身份的转变导致了这一部分人工作积极性受到较大影响，"以钱养事"的这一部分人员与其他乡镇干部一样在乡镇政府工作,但是由于身份不一样,同工不同酬,势必影响其工作积极性,影响工作效率。而这一部分人员工作积极性不高又会势必影响其他乡镇干部的工作状态。另一方面,在推进"以钱养事"改革的过程中,部分乡镇对转制人员采取了一次性买断身份的方式进行分流,而当时给予买断的资金是3万元左右,从现在来看,3万元的买断金确实太少,而这也成为这一部分买断身份人员不断上访的直接原因,成为乡镇的一个重要不稳定因素。实际上,湖北省"以钱养事"改革可以说一直是在争议中前行。在2008年就有学者提出,"从目前湖北省乡镇综合改革的实践来看,这项改革没有达到目标,是一项不成功的改革"[①]。

因而,在个体自身利益的影响下,乡镇政府部分工作人员工作缺乏积极性、主动性,公共精神严重缺失,这不仅制约了农村公共产品供给中政府责任的担当,而且一定程度上损害政府形象,降低了农民对乡镇政府的政治认同程度。

总之,正是在自利性的支配下,乡镇政府很多时候追求的是自身的政治利益、经济利益,乡镇干部首先考虑的是个人利益,而非以农民公共利益最大化为目标。工作目标的偏离必然导致乡镇政府具体行为的偏离。一方面,在面对上级政府包括中央政府的各项政策时,出于自身利益考虑,乡镇政府会进行成本—收益的分析和理性选择,从而形成策略性执行,即对于需要乡镇政府付出成本较高或对乡镇政府自身没有利益的政策就会消极应付或者根本不会去贯彻执行,而对乡镇政府能够带来较大利益的政策就会积极推动。另一方面,在公共政策执行的过程中,乡镇政府及其工作人员还会形成利益合谋,共同通过权力争取自身利益,在政府官员的私人利益得到满足的同时,最终损害的是农民的公共利益。

---

① 贺雪峰、刘勤:《为什么"以钱养事"的改革不可行》,《调研世界》2008年第3期。

本章小结

　　对于农村公共产品供给中乡镇政府责任存在问题的原因，不仅应从乡镇政府自身角度探讨，更应从我国城乡关系发展和管理体制的角度进行论析。乡镇政府责任存在问题的原因包括国家重工业优先发展战略以及由此导致的城市偏向政策、乡镇政府的行政管理体制和财政管理体制以及乡镇政府自利性三个方面，是共同作用力的结果。在这三方面的原因中，重工业优先战略和城市偏向政策是乡镇政府责任存在问题的根本制约因素，乡镇政府的行政管理体制和财政管理体制是直接制约因素，而乡镇政府的自利性则进一步加剧了农村公共产品供给中乡镇政府责任的缺失。因而，对农村公共产品供给中乡镇政府责任存在问题的原因不能从单一方面去分析，而必须从宏观、中观、微观三个层面进行整体论析，只有如此，才能更好地探讨农村公共产品供给中乡镇政府责任的实现机制。

第五章
国外发达国家农村公共产品
供给的经验与借鉴

他山之石,可以攻玉。研究我国农村公共产品供给中乡镇政府责任问题,我们不仅要针对我国乡镇政府自身情况进行分析,而且应考察世界发达国家在农村公共产品供给中政府履行责任的主要做法,以借鉴其经验。在本章中,我们主要分析美国、法国、日本、韩国在农村公共产品供给中的主要实践。美国无论其工业还是农业在世界上都是最发达的国家,法国的农业在欧洲具有代表性,日本、韩国与中国同属东亚地区,因而,我们选取这四个国家作为发达国家的典型予以分析。

一、发达国家农村公共产品供给的主要经验

(一)美国农村公共产品供给的主要经验

美国不仅是世界上最发达的工业化国家,也是世界上最发达的农业国家。美国农民只占总人口的不到2%,只有17%的人口居住在农村,根据中国

驻美国大使馆经济商务参赞处网站数据,"美国农业约占其 GDP 的 1.2%。美国土地肥沃,气候温和,现有可耕地约 1.52 亿公顷,牧场 5.6 亿公顷。美国约有 220 万个农场,每个农场平均面积约 170 公顷。2011 年农业就业人数 213 万人,占整个就业人口的 1.45%。"[①]美国之所以农业高度发达,重要因素之一就是对农村公共产品的供给高度重视,美国农村公共产品供给的主要经验包括:

1. 不断加大对农村公共产品供给的投入力度

财政资金的投入状况直接体现着政府对农村公共产品供给的重视程度。"二战前,联邦政府的财政预算中,农村公共服务投资总额每年大约为 10 亿美元,50 年代每年约为 50 亿美元,70 年代每年增加到近百亿美元,80 年代每年均在百亿美元之上,1985—1989 年年均在 200 亿美元,其中 2001 年为 359 亿美元,2010 年更是达到 989 亿美元。若同时考虑联邦、州及地方政府的投资,总量仅次于国防开支。"[②]

美国政府高度重视农业科技的投入,其农业科技投入的力度"不仅高于发达国家的平均水平,而且高于国内非农业部门科技投入的平均水平。从 1958 年开始,美国政府对农业科技投资额保持了年 8% 的增长率"[③],投资重点主要集中于没有直接经济效益但关系到未来农业科技发展的基础研究领域。美国还形成了科研、教育、推广"三位一体"的农业科技体系,这对于美国农业的发展起到了至关重要的作用。而在其中,赠地大学[④]扮演了重

---

① http://us.mofcom.gov.cn/article/zxhz/hzjj/201401/20140100468500.shtml。

② 万海远、潘华:《国外农村公共服务提高的经验与启示》,《市场论坛》2015 年第 1 期。

③ 王习明:《新农村建设在国外(美国、法国篇)》,《中国环境报》2014 年 5 月 22 日。

④ 为了适应农业经济发展的需要,1862 年,美国国会通过了《莫里尔法案》,联邦政府依照每州参加国会的议员人数每人拨给 3 万英亩土地,并将这些赠地所得的收益在每州至少资助开办一所农工学院(又称"赠地学院"),赠地大学(Land - Grant Universities)由此诞生。

要角色。目前,美国共有 112 所具有"赠地身份"的院校,赠地大学成为美国农业科技研发和推广的重要力量,为各州农业和农村地区的发展提供了有力的人才和技术支持。时至今日,虽然美国从事农业的人口越来越少,居住在农村的人口比重也较低,但是美国的农业科技推广体系遍布美国各个郡县。

农业保险是重要的农村准公共产品。美国的农业保险制度的建立最早是以政府单独经营的模式出现的,之后,在农业保险制度的演变中,虽然模式改变,但是政府对农业保险的支持始终不变,美国农业保险制度的发展离不开美国政府财政的支持。1938 年,经美国《农业调整法》第 5 条授权,农作物保险政策开始在全美实施。"农业保险制度建立初期,美国联邦政府负担了农作物保险计划的全部运营费用以及行政费用,并以 2000 万美元首开了小麦的保险。经过数年实践发现农业保险的费率高,农户的参保率低,农业保险无法形成规模。"①为了改变农业保险的不良业绩,联邦政府先后于 1980 年通过了《联邦农作物保险法》、1994 年通过了《农作物保险改革法》、2000 年通过了《农业风险保障法》,通过修改完善农业保险的有关法案,将农业保险保费补贴率不断提高,有效减少了农户作物保险的费用,提了了农户参与农业保险计划的可能性和农业保险的覆盖面,"2012 年参加农作物保险的面积达 2.82 亿英亩。2008 年以来主要农作物的参保率均在 80% 以上,而且呈现稳步增加的趋势。2012 年玉米、棉花、大豆和小麦四大作物的保险覆盖范围均在 85% 以上。"②

---

① 张囡囡、郭洪渊:《美国农业保险制度演进研究》,中国社会科学出版社 2013 年版,第 269 页。
② 赵长保、李伟毅:《美国农业保险政策新动向及其启示》,《农业经济问题》2014 年第 6 期。

　　2.各级政府间责任分工明确

　　美国的政府系统除美国中央政府外,包括 50 个州政府、3031 个县政府、19519 个市政府、16360 个镇政府、12880 个学区政府、38266 个特别管理区政府,总数为 90106 个。① 在美国,地方政府一般被认为是指州以下的县、市和镇政府,这些政府虽然规模大小不一,但都是地方政府。在公共产品供给方面,根据受益范围原则,美国政府清晰地界定了中央和地方政府的责任,如"美国的大型灌溉设施都由联邦政府和州政府投资兴建,美国的中小型灌溉设施由农场主个人或联合投资,农业部给予一定资助。为保护土地,政府出资修造梯田,等等。政府投资的结果,使农民在不增加农业生产要素的情况下,可以获得更多的收入。"②

　　在农村公共产品供给中,美国地方政府发挥着重要作用。如县政府,在传统上,县政府是州政府的执行单位,一般做财产价值评估、土地、人口记录和户口登记、维护农村道路、贫困救济等工作。随着社会发展,县政府也开始介入区域地方规划、水资源管理等领域。对于大多数县来说,维护和修建乡村道路,是其最重要的功能,其次为水电供应。县财政支出一般重点在教育服务、社会服务、就业支持、交通、警察、环保、住房和县政管理方面。③

　　自治市包括市、镇、村,它提供的公共服务主要是针对人口比较集中的区域。"美国的乡镇政府大多是为农村地区服务的,其主要职能是维修道路、供应饮水、提供警察和消防队、处理垃圾,或与州、县合作,直接管理地方的学校系统以及收取地方税等等。"④"当农业地区的居民不断增加、其公共服务需求

---

① 　蓝志勇、黄衔明:《美国地方政府管理》,科学出版社 2015 年版,第 3 页。
② 　秦富:《解决"三农"问题的国际经验(续)》,《调研世界》2005 年第 5 期。
③ 　蓝志勇、黄衔明:《美国地方政府管理》,科学出版社 2015 年版,第 73—74 页。
④ 　唐建强:《地方政府公共服务体制研究——以美国为例》,《辽宁行政学院学报》2009 年第 2 期。

往往难以从县政府或镇政府得到充分满足时,农业地区的居民可以向州政府提出申请,成立村政府。村政府的工作一般由村委员会负责,或在村委员会领导下聘请一个经理,负责村内的公共服务供给。"①

美国政府在公共产品供给中,基本形成了事权与财权、收入与支出均衡的机制,如"2014 财年联邦、州和地方政府直接财政收入分别占总收入的51.89%、28.52% 和 19.59%,这样的财政收入分配格局和联邦、州和地方的支出责任是相一致的。""从财政支出看,2014 财年联邦政府直接支出为 3.51万亿美元,占政府总支出的 53.18%,州政府直接支出 1.51 万亿美元,占政府总支出的 22.88%,地方政府直接支出 1.58 万亿美元,占政府总支出的23.94%。"②由此可以看出,美国联邦政府无论在财政收入上还是在财政支出上所占比重都比较高,这极大促进了公共服务的有效供给。

3. 充分利用市场机制的作用

美国在农村公共产品供给中还充分利用了市场机制的作用,实现政府与社会资本、社会力量充分合作。从而使农村公共产品的提供与生产以市场竞争机制为中介,通过顾客导向原则,让农民享有对公共产品的选择权利,最终促进农村公共产品供给效率的提高。市场机制的作用具体体现如下:

充分利用 PPP 模式。如"2014 年 7 月 24 日,美国白宫宣布建立'农村基础设施建设基金',基金初始规模 100 亿美元,主要用于支持美国农村地区基础设施建设,包括交通、能源、供水、污水处理、学校、医院等。资金来源非财政拨款,而主要由美国农村合作信用体系重要成员——农村合作银行(C.Bank)负责筹措。基金也不由政府直接管理,而由美国老牌基金公司(US

---

① 孔德超、孔翔玉:《美国地方公共服务供给及对中国的启示》,《学习与探索》2014 年第 8期。
② 李建军:《美国地方政府的支出责任和地方税收:经验与启示》,《公共财政研究》2016年第 6 期。

Captial Peak Asset Management）负责组织实施。政府主要负责筛选审核项目；大部分项目由企业负责建设,政府提供税率优惠和适当补贴;部分项目由政府和民企合建;另有少部分项目由政府贷款建设。"①实际上,美国的"农村基础设施建设基金"计划就充分利用了PPP模式,在这一模式中,公共部门与私人的合作关系非常清晰。作为公共部门,政府主要负责筛选审核项目以及政策的供给(税率优惠和适当补贴),政府只负责少部分项目的建设,或与民企合作或由政府贷款。其他项目的开展基本都由私人部门负责,如农村合作银行负责筹措资金,老牌基金公司负责基金的组织管理,大部分项目的建设亦由企业负责。从这一基金项目可以看出,政府的角色比较明确,其与私人部门结成了良好的"公——私合作伙伴"关系。因此说,充分利用PPP模式是美国农村公共产品供给的一个重要做法。

政府向社会购买服务。美国的农村垃圾治理也充分实现了政府与私人部门的合作。美国政府对农村垃圾治理的资助主要是由联邦政府农村发展部负责,重点是对农村公用设施的资助,而非提供全部建设资金。美国农村垃圾治理的资金包括政府投资和居民缴纳的费用。"为降低垃圾处理的成本,20世纪80年代以来,美国就开始普遍采用招投标制度将垃圾服务承包出去。美国曾经对大约315个地方社区的固体垃圾收集的调查显示,私营机构承包要比政府直接提供这种服务便宜25%的费用。2012年由独立的研究组织提供的报告显示私营机构承包使街道清扫费用节约43%。"②

（二）法国农村公共产品供给的主要经验

法国是欧洲第一大农业生产国、世界第二大农业和食品出口国、世界食

---

① 邹力行:《美国农村基础设施建设基金及启示》,《经济研究参考》2015年第4期。
② 李威:《美国农村垃圾治理经验与启示》,《农村财政与财务》2014年第3期。

品加工产品第一大出口国。法国农业资源非常丰富,耕地面积 1833 万公顷,农业劳动力 126 万,人均耕地 4.7 亩。①

　　作为欧盟成员国家,法国具备欧盟国家的一般特点,如"欧盟主要是对农业基础设施建设提供资金,以改善农业生产条件,提高农业生产力,使农民在保障食物供应的同时,维持与其他行业劳动力相当的收入水平。对于凡是购置大型农业机械、土地改良、兴修水利等,欧盟提供 25% 的资金,其余 75% 由本国自己解决。英国对田界围栏、树篱、农场建筑、农业机械、农田排水设施及农村道路建设提供补贴,对修建农场的道路、堤坎、供电系统,国家承担费用的 2/3。法国政府对农村基建工程的投资一般占工程费用总额的 25% 以上。"②除此之外,法国的主要经验如下:

　　1. 政府间事权划分明确

　　法国地方行政建制的构成包括三个层次:"市镇(36782 个,其中 214 个海外市镇)与省(100 个,其中 4 个海外省)和新设立的大区(26 个,其中 4 个在海外)"。③ 法国的这些地方政府都具有独立的公法人资格,根据各自的职权范围,它们独立地行使自主权,并且在上下级关系上没有隶属关系。由于法国的市镇规模大多数比较小,因此,受财政能力的制约,单独的一个市镇很难为辖区居民提供基础设施建设等公共服务,因而,"市镇间出现了多种形式的横向合作,以履行某些特定职能,这对旧有的行政区划产生了很大冲击。如'市镇组合',是农村市镇的合作形式,主要管理几个市镇的共同性的经济和行政事务,像筑路、设立学校、修建卫生设施等。"④

---

① 徐若滨:《法国的农业大国之路》,《新农村商报》2015 年 4 月 8 日。
② 秦富:《解决"三农"问题的国际经验(续)》,《调研世界》2005 年第 5 期。
③ 郁建兴、金蕾:《法国地方治理体系中的市镇政府》,《中共浙江省委党校学报》2005 年第 4 期。
④ 倪星:《法国地方政府的职能与机构设置》,《地方政府管理》1997 年第 8 期。

在法律上,法国的中央政府、大区、省和市镇有着明确的事权划分。1982年法国颁布了《关于市镇、省和大区的权力和自由的法案》(即权力下放法案),目的在于厘清各级政府事权责任。1992年法国又颁布了《关于共和国地方行政管理法》,2003年法国修改宪法,对地方政府的功能和地位作了进一步界定和规范。在法国,市镇不仅是国家治理的重要主体,而且是居民参与公共事务管理的重要主体,是民主的象征。

表 5-1　法国市镇的职责范围①

领域	市镇的职责范围
市镇计划	公布土地利用计划,跨市镇发展的全面计划,发放与土地利用有关的许可证
社会服务和医疗保健	市镇社会服务中心起草关于发放救济金的文件;分析民众的社会服务需求;通过参与福利预算,有机会行使某些省的职能
职业培训	创设培训计划
教育	负责小学和幼儿园的创立、建设,负责幼儿园的维修、管理和设施
经济发展	商讨中央政府——大区的计划合同 负责跨市镇的地区发展和基础设施计划
基础设施发展和环境	建立计划帮助农村地区发展 保证在农村地区对当地居民必要的服务 建议建立建筑和城市遗产区域 建立自然保护区的协议
港口和水路房屋	建立、开发和维修休闲之用的游艇停靠区 制定当地的房屋计划
公共交通	规划城市交通网 商议大区和省的交通计划

---

① 黄凯斌:《法国地方治理中基层政府的角色》,《福建论坛·人文社会科学版》2009年第6期。

（续表）

领域	市镇的职责范围
文化	负责中央外借图书馆和其他图书馆 保护市镇档案馆 创立和规划博物馆

2. 重视农业科技和农民素质提高

在农业农村发展过程中，法国政府实行科技兴农，高度重视农民素质提高和农业科学技术的研究。法国《农业指导法案》强调农业生产率的提高要依靠发展和普及技术进步成果来实现。为了实现这一目标，法国建立了不同类型的数量众多的农业研究机构，拥有大批农业科研人员。为推广现代化的农业种植和管理技术，提高农业生产率，法国政府还建立了规模庞大的农业科研队伍以及类型不一的农业科研机构和农业高等院校，"仅法国国家农业研究院就拥有数以万计的科研人员，年度预算达 25 亿欧元，其中 90% 左右来源于政府拨款，其主要任务是为法国农业现代化提供基础及应用研究"[1]。

在法国，国家级的农业会议常设委员会设有专门为培训农会工作人员而成立的职业培训中心以及一所农业工程技术高等学校，"有 5000 名农业工程师和农业技术顾问、116 个分支机构，年度预算约为 5.33 亿欧元。此外，还在全国建立了一批农业科研机构和农业高等院校，在每个省建立了农业中学，并以农业中学为中心，在其周围设立农业初中，开办青年农民技术培训中心和短期专业技术教育班，形成了教育、科研和技术推广相结合，高、中、初等不同层次相配套的农业教育体系。"[2]可以说，完善的农业教育体系、充足的农业技术人员和大量的财政投入，为法国农业发展提供了重要支撑。

---

① 刘康：《法国是如何成为世界农业强国的》，《中国县域经济报》2017 年 9 月 25 日。
② 王习明：《新农村建设在国外（美国、法国篇）》，《中国环境报》2014 年 5 月 22 日。

3. 注重向基层政府的权力下放

1945 年至 1975 年,法国经历了经济快速发展的"光辉 30 年",在"光辉 30 年"的中后期,法国中央政府开始注意将发展农村的权力向地方下放。20 世纪 60 年代开始,中央政府对于乡村地区的关注由乡村全域逐步转向发展较缓慢的乡村地区。到 70 年代,法国逐渐形成由中央政府和地方乡村市镇(法国最小的行政划分区,对应一定范围的乡村或者城市区域)双重推动的局面,国家的权力不断被缩减和下放。中央政府的扶持面由法国全域,缩减为以山区为主的发展薄弱地区和自然保护区;而在地方层面,乡村整治规划和土地占用规划成为乡村市镇的主要实施手段。此外,乡村市镇推行的乡村整治规划,是地方行政管理部门主导,地方代表、专家、居民可共同参与的地方层面政策,体现出自主性。[①] 可见,在建设农村、提供农村公共产品的过程中,传统上中央集权的法国逐步重视地方政府的作用,并且地方政府充分发挥社会多元主体如专家、居民的作用,这对于促进农村公共福利最大化具有重要意义。

(三)日本农村公共产品供给的主要经验

日本国土面积为 37.8 万平方千米,耕地面积 7191 万亩,占国土总面积的 13%,全国总人口约 12700 万人,"2015 年农业从业人口约为 339 万人,农业人口约为 220 万人"[②]。其在农村公共产品供给中的主要经验包括:

1. 政府重视对农业农村发展的财政投入

日本农业发展经历了三个阶段,在发展农业农村的过程中,日本在每一

---

① 汤爽爽、冯建喜:《法国快速城市化时期的乡村政策演变与乡村功能拓展》,《国际城市规划》2017 年第 4 期。

② 刘云:《日本的农村问题及农业政策》,《国际研究参考》2017 年第 10 期。

阶段都投入了大量资金。第一阶段为 1956—1962 年，实施了第一次新农村建设，重点提高农村经营水平，旨在实现"新农村建设构想"。"仅在第一阶段，政府对新农村建设的补贴总额高达 480 亿日元，主要用于农田基本建设、水利、农村通电、发展畜牧业、建立公共设施、农村广播等领域。"①

第二阶段为 1967—1979 年，启动了第二次新农村建设，旨在实现"经济社会发展计划"。这一阶段的主要任务是继续加大农业生产和农民生活的基础设施建设力度，全面缩小城乡差距，提高农业和农村的现代化水平。在这一阶段，日本对农业农村投入的资金远远超过第一阶段，主要用于农田水利基本建设和农村生活环境的改善。这一阶段是日本城乡差距的主要缩小时期。"据统计，1977 年，日本的农民户均收入已经高于职工户均收入，农民人均收入 92.2 万日元，工人则为 81.7 万日元。"②

第三阶段为始于 70 年代末的造村运动，其出发点是以发展农村产业为手段，促进地方经济的发展，振兴逐渐衰败的农村。"20 世纪 80 年代以后，日本逐渐进入了后工业化时代。1980 年日本的城市化率为 76.2%，日本实现了城乡一体化。"③

---

① 王习明：《新农村建设在国外（日本、印度篇）》，《中国环境报》2014 年 5 月 15 日。
② 章寿荣、周春芳：《城乡一体化的国际经验》，《理论参考》2010 年第 12 期。
③ 《日本缩小城乡差距政策之考察》，《北京日报》2011 年 10 月 17 日。

表 5－2 1960—2015 年日本政府农业投资情况①

	1960	1975	1990	2000	2010	2014	2015
农业预算投资(亿日元)	1319	21768	31221	34279	24517	23267	23090
占国家预算总额比例(%)	8.4	10.2	4.7	4.0	2.7	2.4	2.4
农业农村整备事业投资(亿日元)	389	3595	10264	10926	2129	2689	2753
占农业预算比例(%)	29.5	16.5	32.9	31.9	8.7	11.6	11.9

注:农业农村整备事业投资是指日本农业农村整备事业的公共预算,覆盖农田的大区划分、老化设施的修复、农业的竞争力强化、农村地区的国土坚韧化、农业规模化、农村地区水路管道化、老化的农业水利设施的长寿命化和耐震化等项目。

由表 5－2 可以看出,农业预算投资占国家预算总额比例在 1960 年至 1975 年呈上升趋势,1975 年后不断下降。农业农村整备事业投资在 1990 年至 2010 年达到高峰,其后不断下降。日本政府通过长期的政府投资为农业农村发展奠定了良好的基础。

2. 高度重视农村基础设施建设

在基础设施建设方面,日本政府十分重视农业基础设施建设,希望通过建立完善的农村公共基础设施,降低农业生产经营成本和农业生产风险,同时增强农业的竞争力,保护国内农业健康稳定发展。另外,由于农田水利建设和农村道路、电网、通讯等基础设施建设,一般规模大、建设周期长和投资消耗多,单靠农户自己投入资金是不够的,"而且一些基础设施建设属于社会公共事业,所以,需要国家积极投资和采取支持措施"②。正是在这样的政策指引下,日本政府对农业农村基础设施建设进行了大量投资,为农业生产发展和农民生活改善提供了重要保证。

---

① 毛世平、龚雅婷:《日本农业基本建设投资体系的演变、特征及其启示》,《中国软科学》2017 年第 10 期。

② 曹俊杰、王学真:《东亚地区现代农业发展与政策调整》,中国农业出版社 2004 年版,第 221 页。

"以交通为例,异常发达的铁路、公路使日本的城乡联系非常紧密。根据日本法律法规,无论多么偏僻的农村,当地政府都有责任建立完善的硬化道路和上下水以及污水处理设施,所以即使对在云雾缭绕的山头上的散居住户,政府也会不惜工本建造柏油路直通过去。而农田中的混凝土水渠也必须定时整修完善。窄窄的水渠就像血管,保证灌溉和排水通畅。"①

日本政府不仅重视传统的农村水电路基础设施建设,而且注重互联网等现代农业基础设施建设。"2001 年,日本家庭对因特网的利用的普及率从2000 年的34.0% 大幅度增加到了60.5% 。特别是覆盖日本长沼町全域的'共享网'的建立,充分体现了日本政府对农业发展的信息支持政策。通过这个网络系统,向广大农村充分提供各种农业信息和行政信息服务,从而彻底改变了农业经营信息相对闭塞的状况。"②

3. 政府间事权划分清晰

在公共产品供给中,日本通过《地方自治法》对各级政府有明确的事权划分。在政治上,日本实行地方自治,没有地方政府的概念,因而,在日本除了中央政府外,地方行政都被称为自治团体。

---

① 蓝建中:《日本住在农村的"市民"》,《西部时报》2010 年 12 月 31 日第 4 版。
② 曹俊杰、王学真:《东亚地区现代农业发展与政策调整》,中国农业出版社 2004 年版,第224 页。

表5-3　日本政府间事权划分①

政府层级	公共基础设施	教育	福利、卫生	其他
中央	高速公路 国道（指定区间） 一级河川	大学 支援私立大学	社会风险 医师等执照 医药品等许可执照	防卫 外交 货币
都道府县	国道（其他） 都、道、府、县道 一级河川（指定区间） 二级河川 港湾 公营住宅 决定市中心街区、调整区域	高中、特殊教育学校 小学、初中教师的工资、人事 促进私立学校（幼儿园——高中） 公立大学（特定的县）	生活保障（町村区域） 儿童福利 保健所	警察 消防（特别区由都管理） 护照
市町村	城市规划等 市、町、村道 准用河川 港湾 公营住宅 下水道	小学、初中 幼儿园、保育园	生活保障（市的区域） 儿童福利 国民健康保险 护理保险 上水道 垃圾处理 保健所（特定市）	消防 户籍 居民基本台账 外国人登记

　　从日本政府间事权划分可以看出，日本各级政府间事权划分清晰，虽然没有关于农业农村发展特别是农村公共产品供给的具体划分，但这也为农村公共产品供给提供了重要保障。

---

① 李建军、余秋莹：《日本地方政府支出责任与地方税：经验与启示》，《地方财政研究》2017年第1期。

（四）韩国农村公共产品供给的主要经验

1. 重视农村基础设施建设

韩国政府也是高度重视农业和农村基础设施建设。为了尽可能降低农业生产经营中的风险与成本，减少农业发展对自然条件的依赖，韩国政府不断完善农村道路交通设施、农业水利灌溉设施、农田改造以及农村电网等基础设施，从而为农业持续发展提供了良好的基础设施条件。

在"新村运动"中，政府投入了大量的财政资金用于发展农村基础设施，"1971—1978 年中央和地方财政投资合计增加 82 倍，支持农村电网、通讯网、乡村道路和用水系统等"[1]。"在 20 世纪 60 年代末 70 年代初，韩国为了支持农业基础设施的建设，几乎将近 50% 的投资投向农业，1995 年韩国农业预算仍占国家总预算的 12.2%，2000 年韩国农业增加值占 GDP 的比重已下降到 4.6%，但当年的农业预算却占到国家总预算的 7.5%。"[2]参加下表：

表 5-4　韩国不同年度的预算及农业预算比重　　单位：亿韩元、%

年度	1985	1990	1995	2000	2002
国家预算	126851	282631	582001	978230	1150985
农业预算	10029	23471	70770	73130	81250
农业比重	7.9	8.3	12.2	7.5	7.1

2. 从农业生产基础设施到农民生活质量提升逐步推进

20 世纪 60 年代，韩国政府对农业农村投资的重点主要是围绕农田水利

---

[1]　曹俊杰、王学真：《东亚地区现代农业发展与政策调整》，中国农业出版社 2004 年版，第 259 页。

[2]　曹俊杰、王学真：《东亚地区现代农业发展与政策调整》，中国农业出版社 2004 年版，第 258 页。

建设、土地规划整理等农业生产设施方面。从 70 年代开始,韩国政府对农业农村投资的重点则转到了改善农民生产和生活环境上,并通过生产生活环境的改善,全面缩小韩国的城乡差距。"建设的重点涵盖了农村经济社会的方方面面,如修路架桥,改善农村交通条件;修扩建农村电力工程,改善农业生产和生活动力;挖掘水井,修建饮水配套工程,提高生活用水标准;修建公共洗浴、洗衣场所,新建和翻修农民住宅,提高农民生活质量;改造传统的农家厕所和灶坑,节省资源和保护环境;等等。到 70 年代末,韩国所有的乡村都通了公路,所有的农民都住上了瓦房或铁皮屋顶的房屋,农村实现了电气化,农户都安上了电灯,居民普遍饮用地下井水,农民的物质生活水平得到很大改善。"①而从 90 年代以后,韩国新村运动深入发展,更加注重韩国国民精神的改造。

3.地方政府职能明确

就韩国地方政府管辖空间范围而言,韩国被划分为 7 个省级城市和 9 个道(省)。省级城市包括首尔特别市和 6 个直接被中央政府管理的城市。道(省)由县和城市构成,县由乡镇构成,包括镇区和乡村。②

在公共产品供给方面,韩国通过立法对地方政府职能进行了规定。《韩国地方自治法》明确界定地方政府在农村公共产品供给方面的职能有:农业灌溉设施的兴建和管理,如小水塘、水库等;为农产品、经济作物、家畜、海产品的生产和销售提供资助;对农业相关其他事宜的管理;管理和指导现代复合型农业的发展;兴建、维护和保养地方公路及市/郡的公路;改善农村住房状况和乡村基础设施建设;保护自然环境;对地方的江河、水道进行管理;建立、经营托儿所、幼儿园、小学、初中、高中等基础教育机构并指导其发展;进

---

① 徐志全:《韩国是如何解决"三农"问题的》,《河北学刊》2003 年第 4 期。
② 周春生、陈倩倩、汪杰贵等:《韩国地方政府管理》,科学出版社 2015 年版,第 30 页。

行公共教育、体育和文化设施的建设和管理,如图书馆、操场、广场、体育馆、公演场,美术馆、音乐厅等;推动地方文化、艺术事业的发展;等等。[①]

二、借鉴启示

通过研究上述四个国家在农村公共产品供给中的主要做法,特别是政府在农村公共产品供给中的职能发挥情况,我们可以得出以下主要借鉴:

(一)政府作用发挥是决定因素

由农业产业的弱质性所决定,农业农村的发展必须依靠政府的强力支持。不仅发展中国家如此,发达国家亦是如此。通过对上述几个发达国家农村公共产品供给经验的考察,可以看出,政府是农村公共产品供给的主要主体,政府在农村公共产品供给中作用的发挥主要体现在政府对农业的财政投入上。并且,发达国家不仅在农业发展较弱阶段对农业有较大投入,而且,在实现农业现代化之后对农业也有较高投入。以美国为例,"2009 年美国农业补贴达到 9856.7 亿美元,高于中国的 7161.4 亿美元。从绝对数值来看,美国每个农场平均获得补贴超过 10000 美元,而中国由于中间环节过多,人均获得补贴很低。2001 年中国人均农业补贴只有 27.5 美元,而美国高达 3178.9 美元"[②]。"资料显示,至 1995 年,美国农业补贴就达到了 609 亿美元。在《2002

---

① 周春生、陈倩倩、汪杰贵等:《韩国地方政府管理》,科学出版社 2015 年版,第 148—150 页。

② 陶爱祥:《中美农业发展水平对比研究》,《世界农业》2012 年第 8 期。

年农业安全与农村投资法案中》，美国更是计划在随后十年内增加农业补贴1900亿美元。"①在农业保险方面，通过对美国农业保险制度演进的研究，可以看出美国农业保险制度是以福利为取向的演进，其之所以能够取得今天的发展成绩，主要靠的就是美国政府的财力支持。所以在这一点上，中国政府可以借鉴美国的做法，采取直接农业保险补贴乃至间接农业保险补贴的方式。"直接农业保险补贴就是对农民保险费的补贴，间接农业保险补贴可以体现在贷款优惠、减免税收、保险费打折等方面。"②

再如，"韩国的农业服务体系主要靠国家财力的支撑。韩国政府对农业采取了大力扶持的政策，注重在教育、科研、设备、资金各方面优惠农业、优惠农户、优惠农业服务机构，充分发挥农业服务体系在农业振兴中的作用。韩国的农业服务体系是一个国家出资、三级机构提供劳务、农户受益的有效机制。例如，为了保障农业服务体系经常性地发挥作用，由国家出资在每个市郡农村指导所修建了培训楼，指导所根据需要举办各种培训班，农户免费（包括学费和食宿费）接受培训，全部费用由国家承担。通过培训，提高农户的文化技术水平，促进了从科学知识到生产力的转化，受到了广大农民的普遍欢迎。"③

又如日本，"在第一次新农村建设的7年间，日本政府对新农村建设的补贴总额高达480亿日元。第二次新农村建设的区域规模及资金扶持力度远远大于第一次，涉及全国80%的市町村。除了两次新农村建设的资金投入外，日本国家财政对农业的支持力度和保护程度是所有发达国家中最高的。"④

---

① 黄立华:《美国农村公共产品的供给及启示》,《北方经贸》2007年第1期。
② 张团囡、郭洪渊:《美国农业保险制度演进研究》,中国社会科学出版社2013年版,第292页。
③ 徐志全:《韩国是如何解决"三农"问题的》,《河北学刊》2003年第4期。
④ 《日本缩小城乡差距政策之考察》,《北京日报》2011年10月17日。

（二）法律制度完善是重要保障

日本构建了完备的法律制度保障农业农村的发展。如日本政府在 1949年就制定了《土地改良法》，重点开展农村基础设施建设。1952 年制定了《农地法》。日本仅涉及农田基础设施建设的法律就包括《土地改良法》《土地改良法实施令》《土地改良法实施细则》《农地调整法改正法律案》《农地法》《农业改良资金援助法》等多部法律。1961 年制定了《农业基本法》（"旧基本法"），1969 年制定了《农业振兴法》（即《农振法》），1980 年通过了《增进农用地利用法》，1993 年，日本颁布《农业经营基础强化促进法》（《农促法》）。随着形势的发展，日本农业政策不断调整，并在 1999 年制定了《食品、农业、农村基本法》，即所谓的农业"新基本法"。"新基本法"的主要特点之一就是强化了政府对农业的支持。日本通过制定新农业基本法，目的在于以法律形式保护农业和农民的根本利益，强化政府对农业的支持功能，特别是加强政府从科技和服务方面对农业进行支持，如充分发挥科研机构、高校和企业三大力量的作用，加强农业技术的开发和推广，积极培养农业人才，提高农民的文化技术水平和经营管理能力，增强农业发展后劲。[1]

美国农业部在 1862 年成立的时候就明确定位"农业是制造业和商业的基础"。美国农业全面支持政策源于 20 世纪 30 年代的罗斯福新政，目前已经形成了以农业补贴为核心的庞大农业政策体系。美国在 1933 年颁布了《农业调整法》（1936 年美国最高法院宣布《农业调整法》违宪，法案大部分内容遭到废止），对确立农业基础地位、实现美国农业政策具有重要意义。其后，美国先后通过了《农业调整法案》（1938 年）、《农产品贸易发展和援助法》

---

[1]　曹俊杰、王学真：《东亚地区现代农业发展与政策调整》，中国农业出版社 2004 年版，第211 页。

（1954 年）、《农场和消费者保护法》（1973 年）、《粮食安全法》（1985 年）、《食品、农业、水土保持和贸易法》（1990 年）、《联邦农业改进和改革法》（1996 年）、《农业安全和农村投资法》（2002 年）等等。

20 世纪 80 年代以来，美国的农业法律已形成以农业法为基础和中心、有 100 多部重要法律相配套的比较完善的农业法律体系，美国农业法成为一个独立的法律部门，其内容涵盖农村发展、农业投入、农业资源和环境保护、农村土地开发和利用、农产品贸易、农业市场、病虫害防治等各方面。美国政府每 5 至 6 年就对相关法案进行更新。在 2008 年的《食物、自然保护与能源法案》于 2012 年到期的基础上，2014 年 2 月，时任美国总统奥巴马签署了为期 5 年的农业法案，即《食物、农场及就业法案》，这也是美国第 17 部农业法。

（三）供给重点突出是关键措施

在农村公共产品供给的过程中，各国普遍把农村基础设施建设和农业科技研发与推广作为促进农业农村发展的重点。农村基础设施建设是农业农村发展的基础，是农民安居乐业的前提，因而，重视农村基础设施建设是发达国家的共同做法。从 20 世纪 30 年代以来，美国政府不仅重视农村的水电、道路、灌溉等基础设施建设，而且重视教育、文化、卫生等社会事业发展，因而，在美国的大部分农村，无论是基础设施建设还是社会事业发展，与城市都几乎没有差别。"2000 年美国农村公路里程 300 多万千米，占公路里程的一半，虽然承担的运输强度不大，但在经济和社会发展方面具有重要作用。"[1]再如日本，农业的发展离不开政府对农村基础设施特别是水利基础设施建设的高度重视，通过大幅改善农田水利设施，真正实现"藏粮于地""藏粮于技"。

---

[1]　张晴、周旭英、高明杰：《发达国家城乡统筹发展的做法及对中国启示》，《世界农业》2011 年第 4 期。

"2015 年日本农业基础建设投入预算达 6360 亿日元。"①

实际上,不仅发达国家重视农村基础设施建设,发展中国家在发展农业振兴农村的过程中,也是把农村基础设施建设放在重要位置。比如印度,印度政府在发展农业的过程中,高度重视农业基础设施建设特别是水利工程建设,政府投入了大量资金。在尼赫鲁政府时期,出于兼顾发展工业所需电力的考虑,政府优先考虑发展大、中型灌溉工程。从"一五"计划(1951—1956年)起到 1968—1969 年止,印度政府对大中型灌溉设施的投资累计 172.5 亿卢比,对小型灌溉工程的投资为 86.7 亿卢比,政府信贷部门为私人部门修建水利工程提供的信贷资金也日益增加,灌溉面积大为扩展。因而这一时期,印度农业生产取得了较好成绩,"如果以 1950 年的农业生产指数为 100,那么到 1958 年,农业生产指数增加到 140。1960—1963 年间则徘徊于 150。"②

表 5 – 5　印度灌溉面积的扩展　　　　　　单位:百万公顷

	1950—1951	1960—1961
政府水渠	7.2	9.2
私人水渠	1.1	1.2
池塘	3.6	4.6
井	6.0	7.3
其他水源	3.0	2.4
总计(净灌溉面积)	20.9	24.7

除基础设施建设之外,各国还把农业科技的研发与推广作为重点。如美国不仅具有完备的农业技术推广体系,而且农业技术推广人员学历水平、专业能力都较强。"美国从联邦政府到州政府、县政府都设有专门的推广机构。联邦政府推广机构设在农业部,有 500 多人从事推广工作。州一级有推广专

---

① 农业农村部网站,http://www.jhs.moa.gov.cn/yijian/201605/t20160530_5155114.htm。
② 金永丽:《印度农业发展道路探索》,中国农业出版社 2006 年版,第 38—39 页。

家4000多名,均为大学的博士或教授。县级有推广人员12000多人,其中25%是博士学位,硕士学位占绝大多数。密西根州83个县,有推广员445名,70%为硕士,10%为博士;马里兰州23个县有推广员300多人,80%为硕士,10%为博士。"①

在韩国,"自上而下设立了三级农业服务体系,即在中央设立农业振兴厅,下设园艺、农机、畜产等6个研究所,1个农业科学研究院,1个种子供给所和5个农作物试验农场;各道(相当于我国的省)设立农业振兴院,受中央农业振兴厅和各道府的双重领导;各市郡(相当于我国的县)设立农场指导所,受道农业振兴院的领导,直接面对和服务于农户。指导所的所长与郡首的行政级别相同。每个指导所配备15名大学以上学历的技术与管理人员和约15名实验工人。振兴院与指导所都有自己的综合农业科学研究所、培训楼和实验场地"②。在韩国,农民都是免费接受培训,培训成本由政府承担,韩国政府通过建立"科研——推广——培训"三位一体的农业科技服务体系,有效地提高了农业科技推广的效率。

由于人口多而耕地少,人地矛盾突出,因而,日本也历来重视农业科技。从明治维新开始,日本政府就十分重视农业技术的引进和创新。20世纪50年代以后,日本又注重发展生物技术,使生物技术与机械技术相结合,到70年代中期日本完成了农业现代化。20世纪80—90年代以后,日本在农业科技方面的投入力度进一步加大,取得了大批农业科技成果。近几年来,针对消费者绿色消费、生态消费、保健消费、特色消费等潮流,日本还专门进行农业生产加工技术的开发。

---

① 全国农业技术推广站:《美国农业技术推广考察报告》,《北京农业》2007年12月上旬刊。
② 徐志全:《韩国是如何解决"三农"问题的》,《河北学刊》2003年第4期。

（四）央地事权清晰是基础前提

上述国家农村公共产品供给的经验表明,中央政府和地方政府之间在农村公共产品供给中事权关系明确清晰,特别是对于地方政府的事权,国家在制度层面做了明确规定。只有如此,才能使政府各负其责,特别是能够让基层政府知道自己的职责所在。如法国的市镇,其与农村公共产品供给相关的主要职能包括:起草关于发放救济金的文件,分析民众的社会服务需求,负责小学和幼儿园的创立及建设以及幼儿园的维护管理,建立计划帮助农村地区发展,保证农村地区居民必要的服务,负责中央外借图书馆和其他图书馆以及保护市镇档案馆,等等。因而,在农村公共产品供给中,需各级政府明确责任划分、真正担当起自身责任,形成纵向政府间的良好合作关系是重要前提。

在日本,其农业基础设施建设成绩突出,中央和地方政府事权分工明确是重要前提。资金投入以国家投入为主,中央部门占绝对主导,地方政府只给予配合。其中,农林水产省是土地改良工程的主管部门,负责中央层级统筹和指导地方工作,并在各地设立派驻机构,履行法规中应由中央承担的组织、管理、监督职能。"农林水产省自行实施的项目,中央补助总投资的2/3;都道府县政府实施的项目,中央补助总投资的1/2。"[1]日本农田基础设施建设至今已有60多年的历史,工程质量高、维护好、寿命长,现在仍在使用,只有少量需要修复,大幅提升了粮食产能,对农业生产的保障作用十分明显,重要原因之一就是责任主体明确、管理有效。

按照国外的经验,在农村公共产品供给中,中央政府和地方政府的供给责任,应按照政府支出划分的一般原则来划分。即:受益范围原则、效率原则

---

[1]　农业部计划司:《日本标准农田建设的经验与启示》,http://www.ccrs.org.cn/List/De-tails.aspx? tid=2362。

和技术原则,也就是根据农村公共产品受益范围的大小、政府提供效率的高低以及收益外溢性大小确定供给主体。应该将受益范围遍及全体国民或较大范围人口的农村公共产品供给如大江大河的治理、基础性农业科技研发与推广等列为中央政府事权,由中央财政支出;受益范围为某一省或市或县、乡镇的农村公共产品供给由相应政府负责,由地方政府财政支出。同时,中央政府和地方政府在农村公共产品供给中的责任划分,必须以法律体现出来,使之成为对各级政府的法律要求。

📖 本章小结

在农村公共产品供给的过程中,我们应充分借鉴发达国家的主要经验。无论是美国、法国还是日本、韩国,这几个国家在促进农业农村发展、增加农村公共产品供给方面都有非常成熟的做法,特别是政府对农业农村发展的重视和大量财政投入、农业及相关法律制度的完备、中央与地方政府间事权关系的清晰划分以及农村公共产品供给重点的突出,都是实现农业农村发展的保证。要解决我国农村公共产品供给中存在的问题、实现农村公共产品供给中乡镇政府责任的担当就应该充分借鉴这些相关经验。

第六章
农村公共产品供给中乡镇政府
责任的实现机制

探讨农村公共产品供给中乡镇政府责任的实现机制,也就是为实现农村公共产品供给中乡镇政府的责任担当而进行体制机制的设计安排。乡镇政府在农村公共产品供给中要担当起自身责任,必须实现体制机制的创新。首先,应摆脱传统经济发展战略的路径依赖,改变城市偏向政策,形成工农互促、城乡互补的新型城乡关系构建机制;其次,应形成农村公共产品供给中乡镇政府责任担当的动力机制,包括构建乡镇政府动力型考核指标,变压力型体制为动力型体制、完善公共财政体制以及形成服务型乡镇政府构建的内部激励机制;最后,形成以乡镇政府为主的农村公共产品多元主体合作供给机制。

一、形成工农互促、城乡互补新型城乡关系构建机制

马克思主义认为,城乡之间的分离和对立是生产力发展的必然产物,并且是生产力发展水平较低的产物,"乡村农业人口的分散和大城市工业人

口的集中,仅仅适应于工农业发展水平还不够高的阶段,这种状态是一切进一步发展的障碍,这一点现在人们就已经深深地感觉到了。"①而生产力发展最终会实现城乡融合,"由社会全体成员组成的共同联合体来共同地和有计划地利用生产力;把生产发展到能够满足所有人的需要的规模;结束牺牲一些人的利益来满足另一些人的需要的状况;彻底消灭阶级和阶级对立;通过消除旧的分工,通过产业教育、变换工种、所有人共同享受大家创造出来的福利,通过城乡的融合,使社会全体成员的才能得到全面发展。"②由此可见,城乡融合是实现共产主义的必然要求,是实现每个人全面发展的必然条件。

（一）深刻把握城乡关系转变的规律性

"从世界范围内来看,大约在人均 GDP 达到 1800—2000 美元(2005 年国际美元)时,各国农村、农业政策开始转向。推动农业发展、保障农产品供给,就成为众多国家在这一阶段农村、农业政策的首要任务。"③

如在 20 世纪 60—70 年代,随着工业化的迅猛发展,日本工业具备了反哺农业的能力,日本政府采取"以工代农、以城促乡"的发展模式,对农业、农村和农民给予大量补贴,出台一系列政策措施。日本在 20 世纪 60 年代开始实行城乡一体化的政策,"伴随工业化和城市化的迅猛发展,工业具备了反哺农业的能力和资源。同时,农民也以农业协同组合为载体紧密团结起来,屡屡掀起农政运动的新高潮,要求共享社会发展成果。此番情形下,日本政府调整农业政策,加大对农业和农村的政策支持力度。1961 年颁布了《农业基本

---

① 《马克思恩格斯选集》第 1 卷,人民出版社 2012 年版,第 308 页。
② 《马克思恩格斯选集》第 1 卷,人民出版社 2012 年版,第 308—309 页。
③ 李明、邵挺、刘守英:《城乡一体化的国际经验及其对中国的启示》,《中国农村经济》2014 年第 6 期。

法》,明确规定农业政策的最终目标在于改善农业与其他产业的生产力差距,实现农业与其他产业就业者的收入均衡,并制定了相应的政策举措来加以保障。"①

表 6-1　1960—1970 年日本政府针对农业农村发展的主要措施②

年份	主要措施	主要目标
1961	农业基本法	缩减工农之间收入差距,通过转变传统小农生产与分散化经营,促进农业生产经营规模化,财政补贴等方式(据相关研究,日本农户年收入的 60% 来自各种政府补贴),提高农业劳动者收入
1962	修改《农地法》	废除土地保有面积的上限
1967	制定"经济社会发展计划"	产业均衡发展,缩小城乡差距,实现城乡统筹;向福利社会转型
1968	创设综合资金制度	振兴农业和农村
1969	出台《农振法》	划定农业振兴区域,振兴农业和农村
1970	再次修改《农地法》和《农协法》;出台《农民养老金基金法》	撤销对地租和土地租用面积上限的限制;提高农民生活保障水平,初步建立了农业从业人员养老金制度

　　在政策措施的推动下,农民收入开始逐年增加,"从 1963 年起,日本农民人均消费水平增长率开始超过城市劳动者,到 1970 年城乡消费水平达到同等水平,此后农民消费水平超过城市劳动者。"③

---

①　孔祥利:《战后日本城乡一体化的演进历程及启示》,《新视野》2008 年第 6 期。
②　徐素:《日本的城乡发展演进、乡村治理状况及借鉴意义》,《亚洲研究》2018 年第 1 期。
③　张雅光:《第二次世界大战后日本城乡一体化对策研究》,《世界农业》2018 年第 1 期。

表6－2　1955—1985年日本城乡人均收入差距情况①

年份		1955	1960	1965	1970	1975	1980	1985
人均收入（千日元）	农户家庭	57	78	157	326	867	1273	1596
	城市工人家庭	74	115	194	358	760	1111	1422
	农户家庭与城市工人家庭之比（%）	77	68	81	91	114	115	112

在法国,1945年到20世纪70年代中期的30年被称为"光辉30年",这一时期不仅是法国工业化、城市化快速发展时期,而且也是法国乡村建设与发展的黄金时期:农业现代化得以实现,乡村设施大为改善,城乡差距显著缩小。其政策经过了1945年到2050年代的提高农业生产力阶段、60年代的农业综合发展阶段以及70年代的城乡及人与自然的和谐发展阶段。"伴随着乡村政策的制定和实施,法国的乡村地区渐从农产品生产地变为多种产业发展地,从单纯的农民居住地变为城乡居民共同居住地,并成为生态保护和涵养地。"②

美国城乡关系的发展也经历了同样的过程,重要体现就是美国城乡收入差距的变化。"20世纪30年代,美国非农业人口可支配收入与农业人口可支配收入之比,最大值为2.49。20世纪40年代大约下降到1.66,20世纪50年代又再次升至2.00,20世纪60年代为1.36左右,从70年代到90年代其差距一直在1.28至1.33之间波动。到了21世纪初,农业人口的可支配收入是非农业人口的1.17倍,即农业人口的可支配收入已经完全超过了非农业人口

---

① 张乃丽、欧家瑜:《日本工业反哺农业的经济学分析》,《现代日本经济》2018年第1期。
② 汤爽爽、冯建喜:《法国快速城市化时期的乡村政策演变与乡村功能拓展》,《国际城市规划》2017年第4期。

的可支配收入。"①

"根据国际上的一般规律,城镇化率达到70%以后,城镇化发展速度会趋于平稳,进入城乡融合发展的更高阶段。"②虽然总体上我国城镇化率还远远没有达到70%,但是沿海发达省份已经接近于这一数字。

进入新世纪以来,党对城乡关系的认识不断深化。2004年9月召开的党的十六届四中全会提出了"两个趋向"的重要论断,即"在工业化初始阶段,农业支持工业、为工业提供积累是带有普遍性的趋向;但在工业化达到相当程度以后,工业反哺农业、城市支持农村,实现工业与农业、城市与农村协调发展,也是带有普遍性的趋向。"③2005年中央一号文件《中共中央国务院关于进一步加强农村工作提高农业综合生产能力若干政策的意见》指出,"要适应我国工业化发展阶段和政策趋向的变化,按照工业反哺农业、城市支持农村的要求,切实把农业和农村经济发展放到国民经济全局中统筹安排,更加自觉地调整国民收入分配结构,更加主动地加强农业基础地位,进一步加大农村改革力度,加大对农业的支持力度,加大对'三农'工作的领导力度。"在工业反哺农业、城市支持农村的政策要求下,我国的城乡关系开始改变。2006年1月1日起,农业税在全国范围内取消,彻底结束了农民缴纳皇粮国税的历史。我国的工业化、城市化不再以农村为资源汲取地。不仅如此,农业农村农民享受的各种补贴从无到有、不断提高。这也是我国农业产量从2004年到2015年十二连增、农村基础设施不断改善、农民收入不断提高以及农村面貌不断改善的重要原因。

2013年召开的党的十八届三中全会强调,必须健全体制机制,形成以工

---

① 谷君、康琳:《缩小中国城乡收入差距的可行性措施研究——以美国、日本、韩国经验为借鉴》,《发展研究》2011年第2期。

② 汪晓霞:《塑造"伴城伴乡"的新型城乡关系》,《新华日报》2017年11月3日。

③ 《胡锦涛文选》第二卷,人民出版社2016年版,第247页。

促农、以城带乡、工农互惠、城乡一体的新型工农城乡关系,让广大农民平等参与现代化进程、共同分享现代化成果。2018年中央一号文件提出,坚持城乡融合发展。坚决破除体制机制弊端,使市场在资源配置中起决定性作用,更好发挥政府作用,"加快形成工农互促、城乡互补、全面融合、共同繁荣的新型工农城乡关系"。这一论述是对新型城乡关系的最新界定。就如前书已经论及的,从"以工促农、以城带乡、工农互惠、城乡一体"到"工农互促、城乡互补、全面融合、共同繁荣",党中央对城乡关系的界定已经从工业对农业的单向度促进、城市对乡村的单向度带动变为了工业与农业双向之间互相促进、城市与乡村双向之间的互相补充。这一新型城乡关系的界定,体现了在发展理念上,我们开始把城乡作为统一的整体来看待,而不是再把城乡分割开来看待。应该说,工农互促、城乡互补、城乡融合发展是对城乡关系的最新定位,在一定程度上是对以工促农、以城带乡的超越和提升。这一新型城乡关系的实质是将城乡作为一个整体来看待,是把城市和乡村从二元结构、各自发展上升为相依相伴、共生共融。

尽管对城乡关系的认识不断深化,但是由于历史欠账太多,我国农村发展基础较为落后,因而,直至目前,城乡二元结构依旧存在,城乡差距无论是在城乡面貌还是在城乡居民收入差距上都十分明显,农村基础设施建设还比较滞后,农村社会事业发展更是远远落后于城市。这就需要深刻把握城乡关系转变的规律性,进一步重视"三农"工作,真正把农业农村农民问题摆在全党工作重中之重的位置。

(二)切实增加农业农村财政投入力度

"虽然我国财政支农资金规模不断扩大,财政支农支出占农业总产值的比重不断增加,2013年达到13.76%,但与发达国家50%以上的平均值相比,我国财政支农资金规模偏低。"①

先以我国财政用于农业的支出(用于农业的支出包括支农支出、农业基本建设支出、农业科技三项费用、农村救济费等)情况为例(表6-3),从1978年至2006年近30年时间中,国家财政用于农业的支出比重总体呈下降趋势,虽然绝对数额从1978年的150.66亿元提高到2006年的3172.97亿元,2006年数额为1978年的21倍,但是农业支出所占国家财政支出的比重却由1978年的13.43%下降到7.85%,减少5.58%,减少幅度十分明显。

特别是1978年农村改革后,随着农业生产力的快速提高,我国财政用于农业的支出竟然从1978年的占比13.43%大幅度下降到1985年的占比7.66%。其后,虽然在1991年和1992年以及1998年曾经占比超过10%,但是总体占比不断下降。

表6-3 我国财政用于农业支出情况

年份	我国财政支出总额(亿元)	国家财政用于农业的支出(亿元)	农业支出占国家财政支出比重(%)
1978	1122.09	150.66	13.43
1980	1228.83	149.95	12.20
1985	2004.25	153.62	7.66
1990	3083.59	307.84	9.98
1991	3386.62	347.57	10.26
1992	3742.20	376.02	10.05
1993	4642.30	440.45	9.49
1994	5792.62	532.98	9.20
1995	6823.72	574.93	8.43
1996	7937.55	700.43	8.82

---

① 王银梅、刘丹丹:《我国财政农业支出效率评价》,《农业经济问题》2015年第8期。

（续表）

年份	我国财政支出总额（亿元）	国家财政用于农业的支出（亿元）	农业支出占国家财政支出比重（%）
1997	9233.56	766.39	8.30
1998	10798.18	1154.76	10.69
1999	13187.67	1085.76	8.23
2000	15886.50	1231.54	7.75
2001	18902.58	1456.73	7.71
2002	22053.15	1580.76	7.17
2003	24649.95	1754.45	7.12
2004	28486.89	2337.63	9.67
2005	33930.28	2450.31	7.22
2006	40422.73	3172.97	7.85

数据来源:《中国统计年鉴2007》,第282页。

自 2007 年开始,我国财政支出的统计口径发生了变化,国家对财政用于农业支出的数额不再披露,而代之以农林水事务支出。因而,我们再以国家财政对农林水事务的支出情况为例(表6-4),从 2007 年至 2016 年 10 年间,国家财政农林水事务支出占国家财政支出的比重从 6.8% 提高到 9.9%,这 10 年间提高幅度较大,但是 2010 年至 2016 年,提高幅度有限。

另外,通过数据分析可以看出,中央政府在农林水事务支出中所占的比重从 2007 年的 9.21% 下降到 2016 年的 4.19%,而地方政府支出比重在此期间从 90.79% 上升到 95.81%。由此可见,相比于中央政府,地方政府对农林水事务支出作了更重要的贡献。

表6-4 国家财政农林水事务支出情况

年份	农林水事务支出（亿元）	国家一般公共预算支出（亿元）	农林水事务支出占国家一般公共预算支出比重（%）	农林水事务支出中的中央支出		农林水事务支出中的地方支出	
				数额（亿元）	占农林水事务支出的比重（%）	数额（亿元）	占农林水事务支出的比重（%）
2007	3404.70	49781.35	6.8	313.70	9.21	3091.00	90.79
2008	4544.01	62592.66	7.3	308.38	6.79	4235.63	93.21
2009	6720.41	76299.93	8.8	318.70	4.74	6401.71	95.26
2010	8129.58	89874.16	9.0	387.89	4.77	7741.69	95.23
2011	9937.55	109247.79	9.1	416.56	4.19	9520.99	95.81
2012	11973.88	125952.97	9.5	502.49	4.20	11471.39	95.80
2013	13349.55	140212.10	9.5	526.91	3.95	12822.64	96.05
2014	14173.80	151785.56	9.3	539.67	3.81	13634.16	96.19
2015	17380.49	175877.77	9.9	738.78	4.25	16641.71	95.75
2016	18587.36	187755.21	9.9	779.07	4.19	17808.29	95.81

数据来源：根据2008年至2017年《中国统计年鉴》整理，比重为笔者计算得出。

注：农林水事务，指政府农林水事务支出，包括农业支出、林业支出、水利支出、扶贫支出、农业综合开发支出等。

因而，基于以上分析，我国财政对于农业农村的投入还较为有限，特别是中央财政投入力度还较小。为了实现乡村振兴，政府应进一步加大对农业农村的财政投入，形成制度化的投入增长机制。

（三）加强新型城乡关系构建的顶层设计

从我国城乡关系转变的过程来看，尽管城乡关系转变是一个客观历史过程，具有客观必然性，但是国家顶层制度设计也至关重要，其直接决定着城乡关系转变的方向、方式和进程的快慢。从1982年到1986年的5个中央一号文件和从 2004 年到 2020 的 17 个中央一号文件对我国农业农村发展的影响，也充分证明了这一点。而从发达国家的经验来看，亦是如此。

如"德国在联邦宪法中规定：追求全德国区域的平衡发展和共同富裕。德国在 20 世纪五六十年代相继立法，把保护村庄原有形态、有限度的改造更新老建筑和保护村庄的生态环境作为村庄更新的主要任务，实现农村的可持续发展。上世纪 50 年代，德国赛德尔基金会所倡导的'等值化'理念得到实践：通过土地整理、村庄革新等方式，实现'农村与城市生活不同但等值'的目标，使农村经济与城市经济得以平衡发展。这一计划自 50 年前在巴伐利亚开始实施后，成为德国农村发展的普遍模式，并在 1990 年起成为欧盟农村政策的方向"①。

在中央与地方政府权责关系方面，顶层制度设计也同样重要。"法国地方分权改革成功的关键在于强有力的法律保障。1982 年 3 月法国政府颁布了《关于市镇、省和大区的权力和自由的法案》（即权力下放法案），对中央政府、地方政府以及地方各级政府之间的权限划分作了明确规定，奠定了法国现行的中央政府与地方政府权力配置关系的基本框架。又于 1992 年颁布《关于共和国地方行政管理法》，再次下放部分权力。1992 年以后十多年间，法国政府先后颁布了 70 多项法案和 700 多个法令予以补充和完善，对中央政府与地方政府之间以及各级地方政府相互之间的职责权限作了更科学、更明确的划分。2003 年法国修改宪法，对地方政府的功能和地位作了进一步界定和规范，确认和巩固了以前改革的成果。"②

因而，在宏观层面，要形成工农互促、城乡互补新型城乡关系的构建机制，必须加强相关制度的顶层设计，"地方政府职能转变涉及国务院多部门及

---

① 章寿荣、周春芳：《城乡一体化的国际经验》，《理论参考》2010 年第 12 期。
② 黄凯斌：《法国中央和地方政府行政职责划分情况及其启示》，《江汉论坛》2007 年第 9 期。

各级地方政府权力和利益的调整与再分配,重视改革的顶层设计对推进落实地方政府职能转变至关重要;需根据区域发展需要,制定与行政体制、政治体制、文化体制、社会体制等相适应的短期目标和中长期目标,做好地方政府职能转变的战略设计和统筹规划"①。只有如此,才能为新型城乡关系的构建提供良好的制度支持。

二、构建农村公共产品供给中乡镇政府责任担当的动力机制

行政管理体制的核心问题是纵向间政府权力的配置与运行。乡镇政府处于我国政府层级的最末端,在权力资源配置中,其拥有的权力资源最少。从中央到县这四级政府都是乡镇的上级政府,因而,乡镇政府不仅要直接听命于其所直接面对的县级政府,而且对于中央、省、市三级政府也处于服从的地位。当然在从中央政府到县级政府的四级政府中,对乡镇政府具有直接支配作用的还是县级政府。因而,应理顺对乡镇政府的行政管理体制,重点是理顺县乡行政管理体制,应把乡镇政府由现在的"压力型体制"转变为"动力型体制",形成农村公共产品供给中乡镇政府责任担当的动力机制。

形成农村公共产品供给中乡镇政府责任担当的动力机制也就是通过体制机制的创新,使乡镇政府有充足的动力,自觉自愿为农民提供公共产品,变"压力型体制"为"动力型体制",促进乡镇政府自觉实现从传统管制型政府向

---

① 张电电、张红凤、范柏乃:《地方政府职能转变绩效:概念界定、维度设计与实证测评》,《中国行政管理》2018 年第 5 期。

服务型政府的转变,使其由被动的外力施压下的构建服务型政府向主动的内力激励下的构建服务型政府转变。

(一)动力机制的动力来源

农村公共产品供给中乡镇政府责任担当动力机制的动力来源不外乎两个方面,即外部动力和内部动力。外部动力主要是中央政府的强力推动和社会主义市场经济的发展完善,而乡镇政府治理能力的提升是其内驱动力。

第一,中央政府的强力推动是直接动力。"对地方政府来说,改革的直接动力实际上是对中央改革意志的回应。"[①]党的十九大报告明确提出,"转变政府职能,深化简政放权,创新监管方式,增强政府公信力和执行力,建设人民满意的服务型政府"。建设服务型政府,不仅对于加强和改善党的领导,优化配置党的执政资源具有重要意义,而且对于转变政府管理方式、提高政府公信力具有直接作用。可以说,我国政府职能转变主要是通过政府机构改革来推动,"政府职能转变是深化行政体制改革的核心。"[②]"作为行政管理体制改革的出发点,政府职能转变的目标几乎等于行政管理体制改革的落脚点。"[③]并且,政府机构改革主要是通过国务院即中央政府的机构改革"以上带下"来带动地方政府机构改革。改革开放40多年来,我国分别在1982年、1988年、1993年、1998年、2003年、2008年、2013年和2018年进行了八次规模较大的政府机构改革。在这八次政府机构改革过程中,中央政府的强力推动和顶层设计是改革得以实施的最根本保证。

之所以说中央政府的强力推动是乡镇政府动力型体制构建的直接动力

---

① 周志忍:《论行政改革动力机制的创新》,《行政论坛》2010年第2期。
② 《2013年国务院机构改革和职能转变方案》。
③ 王浦劬:《论转变政府职能的若干理论问题》,《国家行政学院学报》2015年第1期。

来源,一方面,与地方政府相比,中央政府更加关注执政的合法性和执政资源的充足性。政府职能转变的目的就是建设服务型政府、以社会公共利益为价值诉求,满足社会公众的公共利益需要。只有更好地满足社会公共利益需要,社会公众对政府的政治认同度才能提高,相应地,政府的公信力和政府执政的合法性才能提高、执政资源才能更加充足。另一方面,由于我国地方政府数量较多,特别是乡镇政府数量更多,并且不同地区乡镇政府情况各异,如果由乡镇政府自身设计服务型政府建设的行动方案,不同的乡镇政府肯定会考量乡镇自身的利益。因而,如何实现乡镇政府职能转变很难由乡镇政府自身形成统一方案,必须由中央政府在职能转变的原则和进路等方面进行顶层设计。

第二,社会主义市场经济发展完善是根本动力。改革开放40多年来,随着我国经济体制由计划经济向市场经济体制的转变,我国经济发展取得了举世瞩目的成就。在传统的计划经济体制下,我国的经济增长主要是粗放型增长方式,政府的管理方式主要是行政命令式管理,企业成为政府的附属品,导致政企不分。1992年党的十四大提出我国经济体制改革的方向是建立社会主义市场经济体制,并且提出,为了建立社会主义市场经济体制应加快政府职能的转变,"转变的根本途径是政企分开。凡是国家法令规定属于企业行使的职权,各级政府都不要干预。下放给企业的权利,中央政府部门和地方政府都不得截留。政府的职能,主要是统筹规划,掌握政策,信息引导,组织协调,提供服务和检查监督"。2003年10月党的十六届三中全会通过的《中共中央关于完善社会主义市场经济体制若干问题的决定》提出,继续改善宏观调控,加快转变政府职能,"切实把政府经济管理职能转到主要为市场主体服务和创造良好发展环境上来"。

党的十九大指出,经济体制改革的核心问题是处理好政府和市场关系。加快完善社会主义市场经济体制,必须通过科学、适度、有效的宏观调控,更好发挥政府作用,进一步深化行政体制改革,政府主要运用经济、法律、技术标准等手段引导调节经济社会活动,集中精力抓好宏观调控、市场监管、社会管理、公共服务和环境保护,减少行政干预。因而,社会主义市场经济的发展完善从根本上推动着政府职能转变,推动着政府职能由行政命令式地对企业的直接经济干预转变为向企业创造良好发展环境、为企业提供人才、科技等服务。

并且,随着社会主义市场经济的发展和社会转型,原本很多属于私人领域的事务成为了社会公共事务,需要政府提供公共产品加以解决,比如,农民养老、医疗等问题。这些问题通过传统方式依靠农民自己难以解决,这就需要政府在减少对经济主体直接干预、让市场在资源配置中起决定性作用的同时,在公共服务领域不断扩大自己的职能。同时,随着我国经济由高速增长转为高质量发展,我国经济运行的主要矛盾已由以往的总量不足转变为结构性矛盾。为解决我国经济社会发展面临的突出问题,2015 年 11 月,习近平总书记在中央财经领导小组第十一次会议上首次提出"着力加强供给侧结构性改革"。供给侧结构性改革的重点之一就是完善政府管理方式、转变政府职能,深入推进"简政放权、放管结合、优化服务"的行政审批制度改革,使政府在行政干预上做"减法",在公共服务上做"加法",这不仅需要打造法治政府、廉洁政府、透明政府,而且要打造服务型政府,增加公共产品供给,提升公共服务水平。

第三,乡镇政府治理能力的提升是内驱动力。前书我们已经论及,乡镇政府官员作为公共权力的代理人,同时也是理性"经济人",他们既追求公共利益的增长,又追求个人利益的实现,这种个人利益既包括个人政治利益如政治上的进步、职位的晋升,也包括经济利益如工资、个人收入的提高,因而,在乡镇政府官员身上存在着"角色悖论"。但是这种"角色悖论"并非是绝对的,当公共利益的增长与个人利益的实现一致时,"角色悖论"就会成为"角色统一"。而当公共利益的增长同时也能带来自身利益的实现时,那么乡镇政府官员的激励机制就会建立起来。因此，对于乡镇政府官员而言，虽然公共利益与个人利益往往存在冲突，但是也并非绝对。当公共利益的实现能够体现乡镇政府官员政绩从而为其个人政治晋升提供条件时，公共利益与其个人利益便会实现一致。因而，从这个意义上讲，乡镇政府官员也会追求公共利益的增长，提升乡镇政府的治理能力。所以，乡镇政府也有实现政府职能转变、建设服务型乡镇政府的动力。

另外，社会主义市场经济的发展带来的另外一个社会进步就是公民政治参与意识和参与能力的提高。随着我国社会治理的转型，政府对社会的管理方式已经从传统的政府对社会发号施令的"单向度"管理向政府与社会合作的"双向度"治理转变。治理理念要求政府在公共事务治理和公共产品供给的过程中，必须加强与社会组织、市场主体以及公民个人之间的互动与合作。随着经济体制改革的深入，我国政府逐渐从传统的全能型政府向有限责任政府转变，"小政府、大社会"成为政府职能转变的目标，"小政府、大社会"不仅意味着政府职能的转变，而且意味着社会公众能够更多地参与社会治理，社会公众的公民精神不断成长，"公民精神即公民对自身公民身份的自觉认知和责任担当。"[1]社会公众对政府应该干什么、不应该干什么不仅高度关注，而且有着越来越强烈的政治参与热情。公民参与意识和参与能力的提高促使政府必须以社会公共利益为政府的价值诉求，实现向服务型政府的转变。

（二）动力机制的构建路径

动力机制的构建路径包括三个方面，第一，构建动力型体制的考核指标；第二，完善公共财政体制；第三，完善乡镇干部的工作激励机制。通过这三个方面的制度设计，促进乡镇由"压力型体制"向"动力型体制"的转变，促进服

---

[1]　刘济良、张笑涛：《究竟什么是公民精神》，《中国德育》2017 年第 13 期。

务型乡镇政府的构建。

1. 构建动力型体制的考核指标

（1）动力型体制考核指标设计的原则。第一，树立科学的政绩观。所谓政绩观也就是政府工作人员对于什么是政绩、为什么人实现政绩以及如何实现政绩的看法，是政府工作人员对于行政行为的价值判断。关于政绩，习近平曾经指出："对领导干部来说，为一方经济社会发展，为一方百姓造福，应该有政绩，也必须追求政绩。共产党人的政绩，就是做得人心、暖人心、稳人心的事，就是解决群众最关心、最迫切需要解决的问题，就是全面建设小康社会，促进人的全面发展。"[1]习近平总书记在 2013 年 6 月召开的全国组织工作会议上指出，"要改进考核方法手段，既看发展又看基础，既看显绩又看潜绩，把民生改善、社会进步、生态效益等指标和实绩作为重要考核内容，再也不能简单以国内生产总值增长率来论英雄了"。[2] 树立科学的政绩观关键就是坚持科学发展，实现更高质量、更有效率、更加公平、更可持续的发展。

第二，贯彻"以人为本"的基本理念。贯彻"以人为本"的基本理念实际上就是突出人民利益至上、以全心全意为人民服务为宗旨。"我们党来自人民、植根人民、服务人民，党的根基在人民、血脉在人民、力量在人民。"[3]贯彻"以人为本"的理念就需要政府树立现代公共服务理念，真正尊重社会公众需求、回应社会公众诉求而不是从政府自身利益出发，"贯彻公民导向、顾客导向、结果导向的基本原则，以群众的诉求为命令、以解决群众的疾苦为责任、以完

---

① 习近平:《之江新语》，浙江人民出版社 2007 年版，第 34 页。

② 中共中央文献研究室:《习近平总书记重要讲话文章选编》，中央文献出版社 2016 年版，第 64—65 页。

③ 中共中央文献研究室:《习近平总书记重要讲话文章选编》，中央文献出版社 2016 年版，第 42 页。

善民生服务体系为目标,构造公共服务型政府。"①

第三,体现公民参与。公民参与也就是在乡镇政府职能转变的过程中,广大公民不仅参与对乡镇政府职能转变的评价,而且能够参与职能转变的过程,公民由乡镇政府职能转变的"局外人"变为"局内人"。公民广泛参与对政府的评价和绩效考核已经成为世界主要发达国家的普遍做法,如在英国,"绩效指标体系的设计最初形式是作为上级部门评判下级部门的自上而下的单向的绩效反馈模式。随着英国顾客导向与质量主导的理念推行,社会公众逐渐成为评估的主体。公众满意度等指标形式出现在考核体系中。"②因而,公民参与是构建动力型考核指标的重要原则之一。

(2)动力型体制的考核指标设计。对乡镇政府的考核指标就是乡镇政府工作的"指挥棒",考核什么,乡镇政府的工作就是什么。应当明确的是,构建服务型乡镇政府、形成服务型乡镇政府构建的动力型体制,并非要取消对乡镇政府的考核。而是要改进对乡镇政府的考核方法和手段,特别是在考核内容上突出乡镇政府的公共服务职能,而其公共服务职能主要就体现在农村公共产品供给上。因而,应科学设置上级政府对乡镇政府的考核指标体系,通过考核内容的改进,促使乡镇政府将主要工作精力用于为农民提供公共产品,以考核指标的再设计引领乡镇政府职能转变。"改变当前对于基层官员的考核制度和政绩观,扩大基层改革试验的制度空间并采取多样化的激励机制,增强基层官员对于政府改革的激励和动力。"③

对乡镇政府考核指标设计应围绕服务型乡镇政府构建、符合乡镇政府工

---

① 李军鹏:《完善政府公众诉求回应体系,打造回应型政府——以九江市政府"民生直通车"为例》,《行政论坛》2011 年第 3 期。

② 靳永翥、姜美琳:《从"与民争利"到"服务于民"——我国县级政府绩效考核指标体系研究》,《行政科学论坛》2016 年第 4 期。

③ 董江爱、何璐瑶:《城镇化背景下的乡镇政府改革路径——一个农村集体产权交易站的调查与思考》,《中共福建省委党校学报》2014 年第 11 期。

作实际,既要明确、又要可测量。为此,对乡镇政府的考核指标应包括以下主要方面,即经济发展、民生改善、生态环境、社会安全、治理能力、群众满意度。

经济发展指标。经济发展指标的设计思路为:不再考核乡镇 GDP 总量以及人均 GDP,不再考核乡镇政府招商引资情况,不再考核乡镇政府税收收入增长情况。如 2018 年 7 月山东省下发《关于推广经济发达镇改革试点经验深入推进乡镇(街道)行政管理体制改革的实施意见》,提出把乡镇经济工作重心转到做好发展规划、推进产业升级、营造良好营商和人居环境上来。这一《意见》对于推进乡镇政府职能转变具有一定意义。《意见》对于乡镇经济工作重心作了界定。因而,对乡镇政府经济发展指标考核的重点应为产业升级、农民人均纯收入及增长情况、农民非农产业就业比例、农村产业结构与调整等情况。

民生改善指标。主要包括农村基础教育状况、农村公共卫生和医疗状况、农村公共文化服务状况、农村养老保险参保情况、农村养老机构数、农村卫生室数量、新农合参保情况、农村村内道路硬化率、农村自来水通水率、农村安全饮用水状况、互联网覆盖率等。

生态环境指标。主要包括农村道路保洁情况、农村垃圾集中处理情况、农村牲畜饲养达标情况、农村水污染治理情况、乡镇区域内绿化情况、农村改厕情况和卫生达标情况。

社会安全指标。主要包括社会治安状况、生活安全状况、生产安全状况、农村社会矛盾风险排查情况等。

治理能力指标。治理能力指标主要针对乡镇政府自身而言,主要包括廉洁从政情况、行政潜力如乡镇政府工作人员学历水平和接受继续教育情况、行政效率如乡镇政府工作人员与乡镇居民总数比率、政务服务效率情况、乡镇政府工作人员工资支出和行政事务支出占乡镇财政支出比重等。

群众满意度指标。主要包括群众对乡镇政府工作人员服务态度的评价、对服务质量和效率的评价、对农村公共产品供给状况的评价、对社会治安状况的满意度、对环境质量的满意度。

表6-5　乡镇政府动力型体制指标体系设计

一级指标	二级指标	三级指标
经济发展	产业升级	一二三产业融合发展
		营商环境塑造
	农业发展	农业产业结构调整情况
		农村土地流转情况
		相对集中成片承包耕地或租种耕地50亩以上种粮大户数量
	农民收入	农民人均纯收入
		农民人均纯收入较上一年增长
	农民非农产业就业	农民在当地非农产业就业比例
		农民外出非农产业就业比例
民生改善	农村基础教育	农村小学入学率
		农村初中入学率
		农村高中(中职)入学率
	农村公共卫生和医疗	每千人口拥有医生数
		每千人口拥有护理人员数
		每千人口拥有医院、卫生院床位数
		农村卫生室覆盖率
		新农合参保率
	农村养老	新农保参保率
		乡镇养老院床位与老年人口比例
	农村基础设施	农村通公路比例
		农村村内主要道路硬化比例
		农村通自来水比例
		农村饮用水安全程度
		宽带网络覆盖率
		物联网覆盖率

（续表）

一级指标	二级指标	三级指标
生态环境	生活环境	农村垃圾集中处理
		农村道路保洁
		农村牲畜饲养环保达标
		农村卫生改厕及达标
	生态治理	绿化面积及覆盖率
		排污企业环保达标情况
		区域内水体水质达标情况
社会安全	社会治安	每万人刑事犯罪数量
		农村社会矛盾排查情况
	生活安全	每万人火灾事故死亡率
	生产安全	每万人工伤事故死亡率
治理能力	行政效率	乡镇工作人员与乡镇居民总数比例
		乡镇工作人员工资支出占财政支出比重
		"一次办好"事项
	行政潜力	乡镇工作人员学历水平
		乡镇工作人员继续教育情况
	廉洁从政	乡镇政府工作人员受党纪政纪处分人数
		乡镇政府工作人员腐败案件涉案人数
群众满意度	对行政过程的满意度	对乡镇工作人员服务态度的满意度
		对乡镇工作人员工作效率的满意度
	对行政结果的满意度	对农村公共产品供给状况的满意度
		对社会治安状况的满意度
		对环境质量的满意度

2. 完善公共财政体制

在传统的财政体制下，我国的财政并非公共财政，而只能算是城市财政，因为对于广大的农村地区和人口占多数的农民来说,都没有享受到公共财政阳光的普照而基本上游离于国家财政覆盖范围之外,"即便有眷顾到农村区域的财政收支,特别是财政支出,也常常是小量的,份额偏低的。或者,限于某个特殊领域、某个特殊项目、某个特殊场合或出于某种特殊目的而安排的。"①党的十九大报告提出,"加快建立现代财政制度,建立权责清晰、财力协调、区域均衡的中央和地方财政关系"。建立现代财政制度的关键就是完善公共财政体制。公共财政是一种以满足社会公共利益需要为目标的财政制度安排,公共性是公共财政的最主要特征。

第一,明确乡镇政府财政事权与支出责任,实现事权与财权统一。"谁的财政事权谁负责支出责任"是政府财政事权划分的基本原则。长期以来,我国中央和地方政府财政事权和支出责任存在的问题比较突出,特别是对于乡镇政府的事权,我国在法律层面缺乏明确规定,而是主要体现在相关文件中。因而,长期以来乡镇政府在履行自身责任方面存在"缺位""越位"现象。现有的关于乡镇政府的事权规定基本是体现在政府的相关政策、文件之中。2016年8月,国务院下发《关于推进中央与地方财政事权与支出责任划分改革的指导意见》,指出了中央和地方在财政事权与支出责任方面存在的问题,如中央与地方财政事权和支出责任划分不尽合理,一些本应由中央直接负责的事务交给地方承担,一些宜由地方负责的事务,中央承担过多,地方没有担负起相应的支出责任;不少中央和地方提供基本公共服务的职责交叉重叠,共同承担的事项较多;省以下财政事权和支出责任划分不尽规范;有的财政事权和支出责任划分缺乏法律依据,法治化、规范化程度不高;等等。同时,这一《指导意见》明确了政府与地方财政事权与支出责任划分的指导思想、总体要

---

① 高培勇:《公共财政:概念界说与演变脉络——兼论中国财政改革 30 年的基本轨迹》,《经济研究》2008 年第 12 期。

求和划分原则。应该说《指导意见》对于推进中央与地方政府的财政事权与支出责任划分具有重要意义,但是《指导意见》毕竟只是指导意见,各级政府的事权、财权需要进一步明确,特别是应该如何界定乡镇政府财政事权与支出责任更需要明确。中央《关于加强乡镇政府服务能力建设的意见》较为明确地界定了乡镇政府的基本公共服务事项,并且,这一《意见》专门明确指出,县级职能部门不得随意将工作任务转嫁给乡镇政府。应当说,这些规定对于理顺县乡关系具有重要作用。

　　但是地方政府根据中央《指导意见》制定的相关政策文件中,还是没有明确乡镇政府财政事权与支出责任,乡镇政府成为被制度"遗忘的角落"。因而,在制度层面对乡镇政府缺乏明确规定是乡镇政府职责缺失的重要原因,也是县级政府不断将自己的事权向乡镇政府转移、"甩包袱"的重要原因。因而,乡镇政府的财政事权与支出责任界定成为顶层制度设计需要解决的"最后一公里"。建议制定《中央政府与地方政府财政事权与支出责任法》,以法律的形式将中央到乡镇五级政府的财政事权与支出责任明确划分,列出事权清单,特别是对于共同财政事权,应明确每级政府的责任支出比重。

　　第二,完善转移支付制度。"政府间财政转移支付制度,是以各级政府之间所存在的财政能力差异为基础,以实现各地公共服务水平的均等化为主要目标而实行的一种财政资金转移或财政平衡制度。"[1]改革乡镇财政管理体制的目标是保障其基本财政能力。"乡镇政府财力的薄弱使其缺乏足够的资源去充分履行自身的职责,而职责的压力又很可能会迫使乡镇政府采取不正当的手段去筹措资金。"[2]在我国,解决乡镇政府财政困难的主要办法就是完善

---

① 石光:《促进基本公共服务均等化的财政转移支付制度研究》,《特区经济》2011年第5期。
② 丁煌、柏必成:《论乡镇政府行为选择的优化——以乡镇政府和乡村制度环境的互动为视角》,《政治学研究》2006年第4期。

转移支付制度,增加对乡镇政府的财政转移支付力度,这是因为我国具有五级政府,而五级政府的存在大大减少了通过税源划分增加乡镇政府财政收入的现实性和可能性。

实际上,不仅是中国,在发达国家,转移支付制度也是弥补地方政府财力的重要途径。在美国,完善的转移支付制度亦是保证美国地方政府公共服务职能发挥的关键。如马萨诸塞州的艾莫斯特镇和塞勒姆市,2002 年,艾莫斯特镇人口约 3.5 万人,该镇全日制工作人员 250 人,包括各种理事会和委员会的工作人员。该镇 2002 年预算为 48144748 美元,其中从州政府获得的转移支付就达到了 16136629 美元,占预算总额的 33.5% 以上。塞勒姆市 2003 年有人口 4 万人,全日制政府工作人员 428 人,2002 年州政府的转移支付为2500 万美元,占该市当年预算额的 28%。[①] 艾莫斯特镇和塞勒姆市工作人员的工资支出占到预算总额的大部分,因而,美国地方政府财政在一定意义上也是吃饭财政。但是,有效的转移支付制度为地方政府提供公共服务建立了保障。再如英国,"英国具有比较完全、比较成熟的转移支付制度,转移支付数额在中央财政支出中占有相当大的比重,地方财政支出的 2/3 也主要靠财政转移支付安排。英国中央政府在考虑各地支出需要或收入能力的基础上,通过转移支付使各地在基本的公共服务能力方面达到均等,目的是为了使英国不同地区的居民都享有同等的就业、就学、就医、交通服务、供水等方面的机会和服务水平"[②]。

转移支付主要包括一般性转移支付和专项转移支付。与一般性转移支付相比,专项转移支付主要用于专门的项目建设,各个地区能够获得多少专项转移支付资金一是看哪个地方政府争取资金的能力更强,二是看哪个地区

---

① 参见高新军:《美国地方政府治理:案例调查与制度研究》,西北大学出版社 2007 年版,第 44—50 页。

② 张钢、李廷主编:《英国地方政府管理》,科学出版社 2015 年版,第 115 页。

能把项目建设的摊子铺得更大。因而,专项转移支付不仅主观性较强,在转移支付资金分布上呈现明显的非均衡性,而且容易造成财政资源的扭曲配置。而一般性转移支付以促进不同地区公共服务均等化为目标,所以,应减少专项转移支付的覆盖范围,除农田水利工程、农村安全饮水工程、农村公路等基础设施建设使用专项转移支付外,其他如农村义务教育、农村公共卫生、农村医疗等均应纳入一般性转移支付当中,以一般性转移支付保证公共服务均等化的实现。同时,在转移支付的计算方法上,应以因素法取代基数法。

转移支付的增长并不一定必然带来农村公共产品供给的增加,这主要取决于基层政府官员将转移支付资金用于何处。政府官员既是公共权力的代理人,又是理性"经济人",因而他们不仅追求公共利益,而且还会追求自身的个人利益。"转移支付能以多大比例增加地方公共物品的供给,取决于地方官员所面临的激励。一方面,地方官员可能关心辖区内的社会福利。另一方面,地方官员也关心个人的自身消费。行政管理费等消耗性支出增加,不仅使地方官员获得较好的在职消费,还可以获得基层官僚的政治支持。地方官员将在这两个目标之间进行权衡。"[1]在转移支付这一块"蛋糕"规模既定的前提下,如果乡镇政府官员主要将其用于行政管理费等消耗性支出,那么用于农村公共产品供给的支出则必然相应减少。因而,对于转移支付资金,应从制度层面规范其使用途径和使用范围,防止用于行政管理等消耗性支出特别是用于个人自身消费支出,防止其成为官员寻求官僚支持的筹码,使公共财政资金真正用于公共利益上。

第三,加大对农村义务教育的投入力度。义务教育是典型的公共产品,在一定程度上可以说,接近于纯公共产品,属于全国受益的产品,本应由中央

---

① 马光荣、郭庆旺、刘畅:《财政转移支付结构和地区经济增长》,《中国社会科学》2016 年第 9 期。

政府或者省级政府等高层级政府承担供给责任。但实际上,长期以来,我国义务教育主要是由县乡基层政府承担供给责任。国家财政特别是中央政府和省级政府对义务教育的投入力度远远不够。"从基础教育服务方面来看,人员经费(主要是教师工资)全部由县级政府承担。近年来,全国预算内教育经费中,人员经费占教育经费的比重虽然呈不断下降的趋势,但是到 2011 年这一比例仍高于 70% ,这给县级政府带来了巨大的财政压力。以课题组调研的湖北省某县为例,2014 年全县本级的财政收入只有 7.73 亿元,其中县级政府对教育的总支出为 3.3 亿元,而这其中用于教师工资的支出就接近 2 亿元,占到了教育总支出的 60% 左右,县本级财政收入的 20% 。"[1]目前,我国实行的是以县为主的义务教育经费投入机制,看似乡镇政府没有支出责任,实际上,以县为主的投入机制占用的是县级政府的财政资源,在财政资源既定的前提下,其对乡镇财政的影响也是显而易见的。

因而,应加大中央和省级政府对教育的投入力度。在美国,"2004 年,联邦政府对中小学教育的支出是 380 亿美元,相当于全国中小学教育拨款 5000 亿美元的 7.6% 。83% 的经费来自于州政府。"[2]因而,我们应当将县级政府承担的农村义务教育经费投入责任上移到省级政府和中央政府,形成以省级政府为主,中央政府为辅的管理体制。

3. 建立乡镇政府责任担当的内部激励机制

"强化地方政府公共服务职能,切实提高公共服务的质量和水平,体制改革是关键,队伍建设是保障。没有一支高素质专业化的公共服务人才队伍,地方政府就很难较好地履行公共服务职能。"[3]习近平曾经指出:"广大基层干

---

① "城乡统筹发展研究"课题组:《中国农村公共财政投入现状与需求》,《华中师范大学学报》(人文社会科学版)2015 年第 5 期。

② 蓝志勇、黄衔明:《美国地方政府管理》,科学出版社 2015 年版,第 122 页。

③ 薄贵利:《完善公共服务:地方政府职能转变的核心与重点》,《新视野》2004 年第 5 期。

部任务重、压力大、待遇低、出路窄,要把热情关心和严格要求结合起来,对广大基层干部充分理解、充分信任,格外关心、格外爱护,多为他们做一些雪中送炭的事情。"①乡镇干部作为存在于一定社会环境下和一定社会关系中的个体,同样具有自身利益需求。因而,要促进乡镇政府职能转变,使乡镇干部担负起公共服务的责任,还应通过有效措施,建立对乡镇干部的激励机制,不仅满足其正当的物质利益需求,而且应为其社会价值的实现提供条件。特别是偏远地区以农业为主的乡镇,"其经济绩效都不显著,使得乡镇领导及其工作人员在政治晋升中往往处于劣势,这在很大程度上导致了他们工作热情不够"②。笔者在乡镇调研的过程中,很多乡镇干部直言,如果县直部门的干部都争相调往乡镇工作,那么乡镇的工作就容易开展了,县直部门的干部争相调往乡镇,就说明了乡镇的工作具有了吸引力。

首先,物质激励:建立制度化工资增长制度。在乡镇,优秀年轻人才工作意愿不高,多数优秀的人才都通过招考等方式离开了乡镇,而留在乡镇的年轻人也多被县里以借调工作,乡镇干部待遇低是主要原因之一。根据马斯洛的需求层次理论,生存需求是员工需求的第一层次。而工资薪酬是满足员工生存需求的最基本手段。根据笔者所做的 1123 份问卷,月收入在 4000 元以下的占到 71.6%。在湖北省调研时,一位 1987 年参加工作的副科级乡镇干部告诉笔者,其月工资收入为接近 4500 元,除去每月固定的孩子上大学 1500元和房贷之外,所剩不是很多。由此看出,多数乡镇干部收入有限。因而,应建立制度化的工资增长制度,满足其正当的物质利益需求,"要给基层干部更多的关心,为他们的生活和工作提供切实保障,特别是不能拖欠工资。中央

---

① 中共中央文献研究室:《习近平总书记重要讲话文章选编》,中央文献出版社 2016 年版,第 74 页。

② 文华:《农业为主型乡镇政府压力实证研究:维度区分与作用机制》,《中国行政管理》2016 年第 8 期。

对地方的转移支付,要优先考虑广大基层干部的工资发放"①,从而调动乡镇干部的工作积极性。2018年6月20日,中共山东省委办公厅、山东省人民政府办公厅下发《关于推广经济发达镇改革试点经验,深入推进乡镇(街道)行政管理体制改革的实施意见》,明确规定,"全面落实乡镇工作人员各项待遇政策,确保工作人员收入高于县直机关同职级人员水平"。这对于提高乡镇工作人员的工作积极性应该具有重要作用。但是,这一规定没有明确高于的比例,因而较为模糊。建议明确规定乡镇工作人员高于县直机关同职级人员的收入比例,以切实调动乡镇工作人员工作积极性,提高乡镇工作吸引力。

其次,工作激励:拓宽乡镇干部的晋升和成长渠道。工作是体现自身价值的重要途径,而得到肯定的工作更是实现自身价值的平台。而对乡镇政府工作人员来说,对其工作进行肯定的重要方式就是职务的晋升。但是在乡镇上,副科级和科级干部一般只有10位左右,即乡镇党委书记、乡镇长、乡镇人大主席以及副书记、副乡镇长、乡镇党委委员等人。对于多数乡镇干部来说,很少有机会达到正科级岗位。即使是副科级岗位也需要在乡镇工作多年,且表现突出。乡镇干部如果长期没有晋升的机会,那么其工作的积极性和主动性就会大打折扣,甚至出现消极作为以至不作为的现象。因而,亟须拓宽乡镇干部的晋升和成长渠道。一方面,通过完善职务与职级并行制度,进一步拓宽乡镇干部的晋升空间,消除其晋升的"天花板"效应。根据《关于县以下机关建立公务员职务与职级并行制度的意见》规定,虽然部分乡镇干部反映晋升需要等待的时间较长,这在一定程度上也会消磨乡镇干部的工作意志。但是,总体来说,这一《意见》对于调动乡镇干部的工作积极性具有重要作用,职务职级的晋升亦能带来其经济收入的增加,起到物质激励的作用。另一方

---

① 李克强:《在地方政府职能转变和机构改革工作电视电话会议上的讲话》,《中国机构改革与管理》2016年第12期。

面,县级以上政府应加大从乡镇优秀干部中选拔人才力度以及县直部门干部与乡镇干部交流的力度,这不仅能够为乡镇干部成长提供更多的空间,而且能够为乡镇增添新鲜血液。通过拓宽乡镇干部的晋升和成长渠道,使乡镇干部看到成长的希望,真正起到激励的作用,从而有效调动乡镇干部为民服务的积极性。此外,对于在乡镇工作但是身份不同的干部,特别是事业编制干部应通过政策和制度设计实现一视同仁,在工资待遇、提拔使用上逐步落实同样政策,消除人为政策造成的不平等。

再次,精神激励:培育乡镇干部的公共精神。精神激励是建设服务型乡镇政府最为持久的内在动力。第一,加强乡镇政府行政文化建设。服务型乡镇政府建设,不仅仅是乡镇政府机构改革、乡镇政府工作人员行为方式的转变,更是价值追求和精神理念的更新。与乡镇政府工作人员的行政行为相比,行政文化对于服务型政府构建更具有根本性作用,是行政行为的根本性支配因素。行政文化是"行政体系中的成员以一定的社会文化为背景,在长期行政实践活动的影响和作用下所形成的对行政活动的态度、情感、价值观和信仰的总和,其核心是价值观"[1]。可以说,行政文化是行政管理的灵魂和基础,是行政管理的思想文化根基。有什么样的行政文化就有什么样的行政管理。对于乡镇政府而言,我们要建设的是服务型行政文化。服务型行政文化的核心价值观就是以人为本,其行政宗旨是为民服务。第二,培育乡镇干部服务为民的行政价值观。"行政价值观对行政人员的价值取向和行为取向起着引导性作用,它能使行政组织架构中的行政人员的目标与整体目标趋向一致。这种一致性来源于行政人员对整体目标和整体利益的认同感,从而在全社会范围内构成共享价值观。共享价值观是一种巨大的凝聚力和向心力,

---

① 姚玫玫:《论服务型政府建设中的行政文化创新》,《四川理工学院学报》(社会科学版) 2011 年第 3 期。

可以激发行政人员积极性、主动性,自觉承担行政责任,并运用公共权力去实现和维护公共利益。"①第三,加强行政伦理建设。"行政伦理就是行政责任伦理。它意味着公职人员除了承担政治责任和法律责任之外,还要承担道德责任,即公职人员依据其行政管理的职业道德和正直无私的原则而形成的自觉履行义务的主观责任感。"②总之,通过加强乡镇政府行政文化建设、乡镇干部的行政价值观培育和行政伦理建设,培养乡镇干部的公共行政精神,因为"公共行政的精神意味着对于公共服务的召唤以及有效管理公共组织的一种深厚、持久的承诺"③。通过公共行政精神的培养,促进乡镇干部树立以公共利益为目标的价值取向和责任意识,实现乡镇政府由权力本位向人民本位的转变。

三、建立农村公共产品多元供给机制

在现实中,政府不仅财力是有限的,而且能力也是有限的。因而,政府不可能完全承担起农村公共产品供给的责任。这就需要除了政府之外,还应发挥其他供给主体的作用。建立农村公共产品多元供给机制也就是建立以乡镇政府为主,包括私人部门、农村社会组织以及农民个人等多元主体相互协作、互相补充,共同提供农村公共产品,满足农民公共利益需求的供给机制。

---

① 田巍、张波:《服务型行政文化:服务型政府的灵魂》,《东北师大学报》(哲学社会科学版)2009 年第 6 期。
② 方春芳:《服务型政府背景下行政文化建设的哲学思考》,《四川行政学院学报》2012 年第 3 期。
③ 乔治·弗雷德里克森:《公共行政的精神》,中国人民大学出版社 2003 年版,第 13 页。

（一）建立多元供给机制的必要性

第一，建立多元供给机制能够弥补政府供给不足。在理论上，政府由于具有权威性、强制力以及享有公共财政资源，因而应该成为公共产品的最佳供给者。并且如果政府有足够能力，应该完全担当起公共产品供给的责任。但是，由于政府自身能力有限、官僚机构臃肿、政府官员的自利性等官僚主义的固有弊病以及政府财政压力、公共产品供给与需求信息不对称等原因，政府往往难以完全承担起公共产品供给的责任。如前书所述，农村公共产品供给还存在诸多问题，乡镇政府在农村公共产品供给中存在着责任缺失。政府对公共产品的供给往往偏离农民需求，农民真正需要的公共产品存在严重供给不足，导致供需失衡和资源浪费。因而，建立多元主体合作供给机制能够有效弥补政府供给的不足。

第二，建立多元供给机制能够满足农民多元化需求。随着农村社会经济的不断发展，农村社会中的农民利益也不断分化，特别是经济利益的分化明显，如罗兴佐根据在浙江绍兴、宁波等地的考察，将发达地区农村社会分为四个阶层：年收入 50 万元以上的为富裕阶层，约占 15%；年收入 10 万至 30 万的为中上阶层，约占 25%；年收入 5 万元到 10 万元的为中下阶层，约占 40%；年收入不足 5 万元的为贫困阶层，所占比例约为 20%。[①] 当然这是罗兴佐对农村发达地区的考察，农民收入普遍较高，但是从其中我们可以看出农民利益的分化。

而随着利益的分化，农民对农村公共产品的需求也日益多元化。农村道路建设、农田水利工程建设、农业技术培训等是农民传统的主要需求产品，而随着物质生活水平的提高、城镇化进程的加快、老龄化社会的来临等，农民对

---

① 罗兴佐：《阶层分化背景下的农村基层党组织建设》，《长白学刊》2018 年第 1 期。

公共文化生活、农村基础教育、农村养老服务、农村医疗服务以及互联网、环境质量等公共产品的需求显著提高。而即使是农村道路等基础设施建设,农民的需求程度也不尽相同,比如,受益范围较小的村庄内的胡同道路,可能对于多数村民而言并不重要,而对于生活在胡同内的农民来说却非常重要,而类似公共产品由于受益范围有限,所以很难由乡镇政府或者村集体提供。在这种情况下,就需要其他农村社会组织或者受益的农民组织起来。因而,多元供给机制的建立能够满足农民多元化的需求。

第三,建立多元供给机制能够促进乡村善治。"治理的理念意味着国家权力向社会回归,强调政府对公民的回应性,是还政于民的理论表达和实际需求的反映。"①根据治理理论,治理是多元主体对社会合作共治的过程,治理的目标是实现善治,实现公共利益的最大化。社会治理与传统的社会管理不同,社会管理是以政府为单一主体,其目标是实现对社会的管控。而社会治理则不同,社会治理是以政府为主,但是又不仅仅限于政府,而是包括社会组织、公民个人等主体在内,多元主体相互协作、对社会共同治理的过程,其目标是实现社会公共利益的最大化。因而,在农村公共产品供给中发挥多元主体的作用,能够促进乡村善治的实现。

(二)建立多元供给机制的可能性

1978 年农村改革以来,随着人民公社体制的解体,原来由人民公社和生产大队组成的农村公共产品供给主体不复存在,农民也由原来的高度"组织化"状态转变为高度分散的"原子化"状态,农村公共产品如何供给成为面临的重要问题。随着村民自治制度的建立和乡镇政府的重新建立,农村公共产品供给主体缺失的真空得到弥补。并且随着改革开放的发展特别是社会主

---

① 方雷:《政府权力的回归与地方治理的向度》,《理论探讨》2013 年第 1 期。

义市场经济体制的不断完善,通过市场化方式、社会组织供给方式等提供公共产品也成为农村公共产品供给的重要方式。改革开放以来的实践证明,建立农村公共产品多元供给机制具有现实可能性。

第一,农村公共产品市场化供给的探索。公共产品应完全由政府承担供给责任主要是针对纯公共产品而言,实际上,对于大部分公共产品而言,由于其只具有一定程度的非竞争性和非排他性,因而,属于准公共产品,准公共产品能够由私人部门通过市场机制供给。通过市场机制提供的公共产品实际上是消费者"选择性进入"的产品,此类产品只要通过收费解决其成本问题,那么市场供给则完全可以实现。实际上,早在20世纪80年代,在我国的部分农村地区就已经出现了农村私立学校、小型农田水利工程的个人承包管理等通过市场机制提供农村公共产品的现象。从客观角度来说,这一现象的背景就是人民公社体制解体后,单纯依靠乡镇政府和村民自治组织难以承担起农村公共产品供给的责任,农村公共产品供给不足,农民公共需求难以得到有效满足。农村公共产品市场化供给的实质是通过市场机制由私人部门提供农村公共产品,充分发挥社会资本的作用,以弥补政府供给的不足。而从主观上来说,农村公共产品市场化供给也是国家制度设计的结果,如在农田水利建设上,1983年国家确立了"加强经营管理,讲究经济效益"的农田水利建设思路,即可以由私人部门通过市场机制解决农田水利建设不足的问题。1988年,水利部在《关于依靠群众合作兴修农村水利的意见》中提出了"谁建设、谁经营、谁受益"的原则,鼓励通过市场经营的方式兴修水利。因而,农村公共产品市场化供给的探索,一方面是1978年改革开放后农村经济社会发展的客观要求,是满足农民对公共产品需求的必然结果;另一方面,也是国家在政策层面进行主观设计的结果。应当说,农村公共产品市场化供给对于促进农村经济社会发展和满足农民对农村公共产品的需求起到了重要作用。

除此之外,在现代社会中,很多企业除了完成自身经济责任即为社会创造物质财富和经济价值的责任外,也会积极主动承担社会责任。如广西柳州钢铁集团有限公司先后投入 1000 多万元用于乡村基础设施建设,实施修路、架桥、通电等基础工程。为雨卜村、中坪村、金兰村、古板村修通了 20 多条近 100 公里的村屯路,修建道路桥涵 80 多座,全面完成多个村庄的人畜饮水工程,建设蓄水池 28 个。在教育方面,投入 38 万元新建村小学教学楼一栋,对 4 个濒临危房的教学点教室拆除重建,完善了教学基础设施。① 由此可以看出,在一定的领域中,私人部门完全可以承担农村公共产品供给的责任,弥补政府供给的不足。

第二,农村社会组织的发展。农村社会组织是基于一定共同利益而建立起来的以农民为主体的社会组织。其主要特征是非政府性、非营利性(公益性)、自愿性和自治性,又称为非营利组织。由于我国地域辽阔、人口众多,政府对多元化的需求往往不能及时回应。社会组织与政府不同,社会组织的产生是农村经济不断发展、农民利益不断分化、农民需求不断提升且日益多元化的结果,"农业经济发展水平的提高引致的公共物品和公共服务需求是农村社会组织生成的内在动力"②。社会组织参与农村公共产品的供给,既可以满足不同的需求,又可以通过良性竞争降低农民的消费成本,是对市场失灵和政府失灵的回应,也是社会变革的必然要求。社会组织是社会公共产品自愿供给主体之一, 比如各种慈善机构举办的敬老院、福利院, 还有红十字会组织的医疗服务队等, 起到了社会管理的作用。改革开放以来,随着农村经济社会的发展,除村民自治组织外,农村老年人协会、红白理事会等其他社会

---

① 莫光辉、祝慧:《社会组织与贫困治理——基于组织个案的扶贫实践经验》,知识产权出版社 2016 年版,第 41—42 页。
② 谢舜、王天维:《中国农村社会组织发展的内在动力和约束条件——基于 2007—2014 年 31 省面板数据的实证研究》,《江汉论坛》2017 年第 7 期。

组织蓬勃发展,甚至有学者认为农村社会组织是"爆发式增长"[①]。以公益性为特征的面向农村的这些社会组织不仅为乡村的发展注入了新的活力,促进了农村教育、环保、扶贫等公益性事业的发展,而且有效整合了农民利益,拓宽了农民利益表达渠道,提高了农民组织化水平。

以广西八桂义工协会为例,该协会是由共青团广西壮族自治区委员会等倡导发起的志愿服务组织。截至2016年4月底,该协会注册义工有2700余名,社会服务时间超过24万小时,筹集善款、爱心物资价值超过1300万元人民币。进社区服务、环保、助学等活动成为八桂义工的品牌常规活动。2008年到2016年8年间,八桂义工进社区服务300余次,深入敬老院、福利院等开展扶助活动100多次,进学校、下乡助困助学200余次。[②] 八桂义工开展的志愿服务活动有效促进了农村公共产品供给水平的提升。

在日本,最大的农民组织就是日本农协。1947年日本颁布了《农业协同组合法》(《农协法》),其宗旨就是促进农协组织发展,增强农业生产力,提高农业者的经济社会地位,推动国民经济的发展。在日本的三级政府中,每一级政府都有农协组织与之对应。其中,市(町、村)一级的农协也称为综合农协,直接为农户提供生产和生活服务。目前,日本农协也面临着发展中的一些问题,需要进行改革,如组织机构庞大、雇员较多、效率低下、政府对农协支持政策减少等问题,但是农协对于日本农业农村发展仍具有重要意义。目前,日本农民全部加入了农协。日本农协不仅是维护农民权益的重要组织,而且在农村公共产品供给特别是农业科技推广中发挥了重要作用,"农协对农民提供全面的生产指导,具体包括农作物栽培技术、优良品种、农业生产计

---

① 黄辉祥、刘宁:《农村社会组织:生长逻辑、治理功能和发展路径》,《江汉论坛》2016年第11期。

② 莫光辉、祝慧:《社会组织与贫困治理——基于组织个案的扶贫实践经验》,知识产权出版社2016年版,第114页。

划、种植业结构调整等"①。通过建立从"农户——基层（市、町、村）农协——县（都、道、府）农协中央会——全国农协中央会"的组织体系，农协成为农业科技推广的组织依托。

第三，农民参与能力的提高。在历史上，中国的农民基本是政治的旁观者，没有任何权力可言，更谈不上政治参与。"即使到了今天，这种历史铸造的政治淡漠意识，对权力的驯服和膜拜，在中国农民中间，仍然是普遍存在的，成为一种显著的政治文化，并从根源性质上制约着他们对政治生活的参与的利益表达。"②尽管如此，应该看到，随着农村经济社会的发展、农民富裕程度的提升和农民知识文化水平的提高，农民的政治参与意识和参与能力都有了很大进步。如贺雪峰曾于 2002 年在湖北荆门选取了 5 个村，设计了"民主化供给农村公共产品"实验。"每个村每年投入 4 万元，规定这 4 万元只能用于村庄公共工程和公益事业，且这 4 万元用于何处、如何用、如何建设，完全由村民代表会议决定。实验结果，几乎每个村投入的 4 万元都被有效使用到公共工程上。资金投入不仅建设了农民急需的公共工程，而且提升了农民的组织化程度。其中一个村，村民代表开会讨论 4 万元如何使用时发生了严重分歧，其中部分村民代表摔门而去。但这并不影响多数村民代表的决策。且第二年全体村民代表再次商议决策时，可以形成对村庄急需公共品的排序。"③由此可见，农民政治参与能力的提高有效促进了农村公共产品供给。

综上所述，农村公共产品多元合作供给机制的建立既具有必要性，又具有可能性，因而，建立农村公共产品多元供给机制是在农村公共产品供给中实现乡镇政府责任的重要方面。但是当前，多元合作供给机制的建立也面临

---

① 董捷：《日本农业支持政策及对中国的启示》，《日本问题研究》2013 年第 1 期。

② 李成贵：《历史视野下的国家与农民》，载曾雄生主编《亚洲农业的过去、现在与未来》，中国农业出版社 2010 年版，170 页。

③ 贺雪峰：《小农立场》，中国政法大学出版社 2013 年版，第 200—201 页。

一定的困境,如在农村公共产品市场化供给中的公共性流失、农村社会组织数量有限且发育不足、农民个人参与公共产品供给的动力不足等问题。以农村社会组织数量为例,根据 2015 年华中师范大学中国农村研究院发布的调查报告,其对全国 299 个有效样本村庄实证调查报告显示,"我国农村现代社会组织呈现多样化发展,但数量偏少,规模偏小,且发展不均衡。有效村庄样本中共有 626 个社会组织,其中经济组织 180 个、文娱组织 348 个、民间社会组织 98 个,平均每村 2.09 个,每万人口 9.3 个。但这些村庄中有近四成没有成立现代社会组织,覆盖不足,各类组织之间也发展不均,七成以上村庄成立过为修一条路、打一口井的临时项目自治组织"[1]。因而,要形成农村公共产品的多元供给机制,还需要进一步采取措施。

（三）建立多元供给机制的具体措施

第一,发挥乡镇政府在多元供给体制中的主导作用。"短期内,我国强政府的格局依然存在。政府能否履行责任、依法行政将会直接影响到地方治理的效果。"[2]因而,我们首先强调发挥乡镇政府的主导作用。乡镇政府的主导作用主要体现在两个方面。一方面,乡镇政府是建立多元供给机制的主导者。多元供给机制的建立应当有组织者、主导者。相对于私人部门、农村社会组织和农民个人来说,乡镇政府的社会动员能力和资源整合能力最强,只有乡镇政府能够运用公共权力将其他供给主体整合在一起。因而,乡镇政府是建立多元供给机制的主导者,要搭建好建立多元供给机制的平台。为此,乡镇政府应切实转变职能,摆脱对传统全能型政府的路径依赖,向有限责任

---

① 《调查报告:中国农村现代社会组织数量偏少,规模偏小》,http://politics.people.com.cn/n/2015/0518/c70731 - 27019503. html。

② 方雷、鲍芳修:《地方治理能力的政治生态构建》,《山东大学学报》(哲学社会科学版)2017 年第 1 期。

政府转变,同时实现由传统政治动员功能向社会动员功能的转变,充分动员、吸引私人部门、农村社会组织以及农民个人参与到农村公共产品供给中来,并且要充分发挥不同主体的作用,使其既有各自发挥作用的空间,又相互协作、互相补充,全面满足农民对农村公共产品的多元化需求。

另一方面,在农村公共产品供给中,政府还应发挥主导作用。供给主体的增多、多元供给机制的建立并不意味着政府在农村公共产品供给中发挥作用减少。对于纯公共产品以及部分由于投资较大、建设周期长、获利较少、见效慢等原因,其他供给主体没有意愿或没有能力供给的,政府要主动承担供给责任,满足农民对公共产品的需求。对于由其他主体提供且更有效率的准公共产品,政府要通过发挥其他供给主体的作用,为他们提供良好的制度和政策环境。

第二,恢复村民自治组织①的"自治"属性。村民自治组织最初实际上就是应对人民公社体制解体之后农村公共事务无人管理的局面而出现的。村民自治组织出现之后,其在乡村社会治理中发挥了重要作用,这种组织制度后来成为了国家的正式制度安排。村民自治组织的最重要属性就是"自治",即村民委员会是村民自我管理、自我教育、自我服务的基层群众性自治组织。但是根据前书论述,很多村民自治组织都成为了乡镇政府领导下的"半官方组织",承担了很多乡镇政府转移的任务。为此,一方面,在农村公共产品供给中,乡镇政府应减少对村委会的行政干预,真正恢复村民自治组织的"自治"性,使其主要精力用于农村公益事业和公共事务上。另一方面,村民自治

---

① 严格说来,在性质上,村民自治组织也属于农村社会组织。但是村民自治组织与一般的农村社会组织还不相同,村民自治组织是农村社会组织中最具有权威性甚至可以说代表官方的组织。并且在实际中,很多村民自治组织已经成为了"政府的非政府组织"。因而,我们将村民自治组织与其他农村社会组织区别开来。本书提到农村社会组织时并不包括村民自治组织。

组织应发挥整合农民对农村公共产品需求偏好的作用,特别是发挥好"一事一议"的"议"的功能,即需求偏好整合功能,使农村公共产品供给真正符合农民需求意愿。

第三,积极促进农村社会组织发育。"在传统东方小农村社制社会内部,通过各种条件——包括血缘、地缘、业缘——形成的自组织,长期以来就是农村社区自我供给公共品的主要载体。"①为充分发挥农村社会组织在人才、技术方面的优势,增加农村公共产品供给,更好地满足农民需求,乡镇政府应以"小政府、大社会"为目标,加快政府职能转变,为农村社会组织参与农村公共产品供给营造良好外部环境。乡镇政府应充分认识农村社会组织在农村公共产品供给和乡村治理中的作用,理顺好政府与社会的关系,赋予农村社会组织更多的独立成长空间,积极支持农村社会组织提供农村公共产品。在这个过程中,乡镇政府应重点通过财政资助、税收优惠等政策支持农村社会组织发展,这样既可以充分发挥农村社会组织的作用,又可以为农村社会组织提供资金支持,激发农村社会组织的积极性,促进农村社会组织的发育。另外,政府也可以通过课题招标和设立专门项目基金的方式,将部分农村公共产品的供给委托给一定的农村社会组织,这样不仅可以充分发挥社会组织的技术和人才方面的优势,拓宽社会组织提供公共产品的范围,而且能够在降低政府自身供给成本的同时,为农村社会组织提供更多的资金支持,从而帮助农村社会组织的成长。

对于农村社会组织来说,也应该加强自身建设,完善内部治理结构和各项管理制度,形成良好的内部运行机制,提高自身的规范化程度和透明化程度,从而在社会公众面前树立自身良好形象,提升公信力。除此之外,农村社

---

① 杨帅、温铁军:《农村留守群体组织化与乡村公共品长效投入研究》,《贵州社会科学》2014 年第 10 期。

会组织还应积极拓宽农村公共产品供给范围,特别是在农业科技服务、农村环境治理、农村养老等领域进一步发挥自身作用。同时,社会组织自身亦可依靠自身人才、技术优势,在保证社会组织的主要行为公共性性质的前提下,扩大经营性收入,"经营收入是社会组织收入的重要组成部分。如香港,社会组织中经营性收入占到收入的40%以上;美国1995年社会组织的收入中服务收费占56.6%,而捐赠收入仅占12.9%"①。

第四,推进农村公共产品市场化供给。乡镇政府应充分利用政府购买服务、PPP等方式推进农村公共产品供给的市场化改革,充分发挥私人部门在农村公共产品供给中的作用。在推进农村公共产品市场化供给的过程中,政府应成为市场化供给规则的制定者和市场化供给的监管者。私人部门之所以能够提供农村公共产品,除了其承担社会责任的目的之外,另外的重要目的就是营利。因而,为了获得经济利益,私人部门出于"经济人"理性会想方设法压缩成本,提高收益,甚至可能会置公共利益于不顾,从而导致公共产品供给中公共性的流失。对此,在推进农村公共产品市场化供给的过程中,乡镇政府应该重点做好监管工作。一方面,加强对农村公共产品市场供给主体及相关合同的监管,特别是对市场供给主体的资质等严格要求,明确供给主体的责任和义务。另一方面,加强对农村公共产品供给质量的监管。部分农村公共产品供给比如农村公路建设由于专业性、技术性较强,农民难以对质量进行监管。因而,乡镇政府应该充分发挥自身职能,做好质量监管工作。总之,农村公共产品供给可以市场化,但公共责任不能市场化。

对于私人部门承担社会责任问题,传统观点认为,企业的唯一责任就是对股东负责、获取利润,企业如果同时承担社会责任,那么就不仅是企业责任

① 常兴华:《促政府职能"瘦身",帮社会组织"健体"》,《中国经济导报》2011年6月21日。

的偏离,而且会导致资源配置扭曲。而现代企业社会责任理念认为,企业承担社会责任不仅是企业为利益相关者负责的表现,而且是企业实现可持续发展的保证。因而,越来越多的企业认识到积极承担社会责任虽然暂时对企业利润有所影响,但是社会责任的承担却为企业树立了良好的品牌和形象,有利于扩大市场份额,提高企业竞争力,从而有利于企业的长远发展。所以,很多企业愿意承担对社会福利和公益事业捐助等社会责任。对此,政府需要做的就是,应考虑设置企业社会责任评价体系,"通过企业社会责任法制化来引导企业履行社会责任"[1]。

第五,建立农民个人(农户)提供公共产品的激励机制。收入水平和社会资本是影响农民个人(农户)参与农村公共产品供给的两个主要因素,一般来说,收入水平较高的农民属于农村社会的精英阶层,其在农村社会中有较强的组织动员能力和话语权,参与农村公共产品供给的意愿较强。社会资本对农户参与农村公共产品供给也具有重要激励作用。如王宇新根据中国住户收入调整项目(CHIPS)2007年的行政村调查数据的分析,发现,"村庄内部社会资本对村庄公共产品整体供给有显著的正向影响,尤其是水利和灌溉方面,但对于道路、教育和医疗方面的公共产品供给没有显著影响,而村庄外部社会资本对以上三方面的公共产品供给都具有显著的正向影响。"[2]

社会资本指的是"社会组织的某种特征,如信任、规范和网络,它们通过产生合作行动从而增进社会的公共利益"[3]。社会资本理论虽然由西方学者

---

[1]　钱瑜:《企业社会责任和企业绩效的经典相关分析——基于利益相关者视角》,《企业经济》2013年第3期。

[2]　王宇新:《社会资本影响村庄公共产品供给吗?——基于微观数据的研究》,《中南财经政法大学学报》2015年第5期。

[3]　俞可平:《社会资本与草根民主——罗伯特·帕特南的<使民主运转起来>》,《经济社会体制比较》2003年第2期。

建立,但是"对于研究中国社会有很强的适合性和解释能力"①。社会资本的主要功能是通过人与人之间的相互信任提高公共事务中合作的水平,社会资本发挥作用的前提是农村社会是一个熟人社会,"熟人社会的声誉机制也使得带头人、富户捐赠这种利他行为存在可能"②。社会资本对农户参与农村公共产品供给的激励作用主要在于,社会交往广泛的农民出于对自身"面子"、名声的考虑以及对村庄生活共同体的认同,一般会自觉降低机会主义倾向,避免自己在农村公共产品供给中的"搭便车"行为而积极参与农村公共产品供给,并且具有较高社会信任水平的农民也会相信其他农户会自觉避免"搭便车"行为,因而,参与农村公共产品供给的积极性主动性较高。

一般来说,在一定时期内,农村经济发展水平和农户收入水平是相对稳定的。因而建立农民个人参与农村公共产品供给的激励机制,重点应是培育农村社会资本。特别是在城镇化加速发展,农村社会由传统村庄转变为新型农村社区形态的背景下,应通过村民代表会议、协商民主恳谈会、村民议事会、公共文化活动等重构农村熟人社会,扩大农民人际交往范围、拓展农村社会的公共活动空间,提高农民对农村公共事务的参与度,"进行广泛的政治参与是培养公民意识、进行公民教育的一种手段,美国的乡镇大会就是进行公民政治技能操练的一种重要的形式,居民在大会上就自己所关心的利益和问题诸如公共服务的质量进行广泛而理性的辩论与讨价还价,从而培养出公民的政治思考能力"③。农村公共活动的开展,不仅为有效整合农民对农村公共产品的需求偏好提供了平台、提升农民的组织化程度,而且能够使农民扩大

---

① 郑杭生、奂平清:《社会资本概念的意义及研究中存在的问题》,《学术界》2003 年第 6 期。

② 汪吉庶、张汉:《农村公共物品供给的议程困境及其应对——以浙江甬村为案例的小集体分成付费制度研究》,《公共管理学报》2014 年第 4 期。

③ 尚重生、龙彬:《论公民身份视域下美国乡镇自治精神的生成》,《湖北行政学院学报》2016 年第 3 期。

社会交往网络,并通过相互沟通交流提高对村庄的归属感和农村社会信任程度,从而提升农民的社会资本水平。

本章小结

　　根据当前农村公共产品供给存在的问题特别是农村公共产品供给中乡镇政府责任存在的问题及其原因,农村公共产品供给中乡镇政府责任的实现机制也应从多个方面进行探讨。首先,彻底改变传统发展战略和城市偏向政策的影响,形成工农互促、城乡互补的新型城乡关系构建机制,促进城乡的全面融合和共同繁荣。其次,在行政管理体制和财政管理体制层面,应改变当前的压力型体制,完善公共财政体制,同时形成乡镇政府内部的激励机制,从而构建乡镇政府责任担当的动力机制。最后,还应建立以乡镇政府为主要供给主体的包括农村社会组织、私人部门以及农民个人等主体在内的多元供给机制。

结　语

一、观点与结论

本课题综合运用政治学、社会学、公共管理学等学科知识,通过对农村公共产品供给状况和乡镇政府责任状况的实证调查研究、乡镇政府责任问题成因的纵向历史梳理以及农村公共产品供给的横向国际比较,在阐述农村公共产品供给概念与价值、农村公共产品供给存在的问题等基础上,系统论析了农村公共产品供给中乡镇政府责任存在的问题、原因以及农村公共产品供给中乡镇政府责任的实现机制。概括而言,本研究的主要观点也是形成的主要结论如下:

1.农村公共产品供给不足是导致城乡二元社会格局、城乡居民收入差距较大的重要原因

"三农"问题是制约我国经济社会的难题,也是全党工作重中之重。进入中国特色社会主义新时代,我国社会主要矛盾转化为人民日益增长的美好生活需要和不平衡不充分发展之间的矛盾,而发展最大的不平衡就是城乡之间发展的不平衡,发展最大的不充分就是农村发展的不充分。目前,我国城乡

二元社会格局依旧明显,城乡居民收入差距依然较大。其中的重要原因之一就是长期以来国家对农业农村投入有限,农村公共产品供给总量严重不足。

2. 农村公共产品供给对于促进农业农村发展、实现乡村振兴战略具有重要意义

农村公共产品供给不仅能够满足农民生产生活共同需要,而且对于农村经济社会发展具有重要意义。增加农村公共产品供给不仅是农村摆脱贫困落后状态的关键措施和促进农村经济社会发展的主要手段,而且是扩大国内消费需求从而实现我国经济健康、可持续发展的重要途径。增加农村公共产品供给能够改善农村道路、水利等农村基础设施状况,提升基础教育、卫生医疗等农村公共服务水平,从而为农业生产发展提供良好条件,为农民增收提供更多机会,为农村经济社会进步提供保障。增加农村公共产品供给不仅是实现乡村振兴战略的必然要求,而且也是实现乡村振兴战略的必要条件。

3. 服务型政府建设、农业农村所处的发展阶段以及制度层面的规定都决定了提供公共服务是乡镇政府的主要职责

之所以强调农村公共产品供给中的乡镇政府责任,也就是农村公共产品供给中乡镇政府责任问题的立论依据在于,服务型政府建设要求政府必须以向社会公众提供充足的公共产品、满足社会公众的公共利益为目标,而乡镇政府是我国政府的重要组成部分,因而乡镇政府亦应以向农民提供公共产品为主要职责。从发展阶段来看,我国农业农村发展进入工农互促、城乡互补阶段,农业农村发展还需要政府承担农村公共产品供给的主要责任;而在应然制度层面,提供公共服务也是乡镇政府的最重要的职责。

4. 在政府层级中所处的地位决定了乡镇政府在农村公共产品供给中扮演着重要角色

乡镇政府直接面对农业农村农民,是国家各项农村政策的具体执行者和实施者。并且,乡镇政府贴近基层,最便于了解农民的需求意愿和需求偏好,

具有获取农民需求信息的天然优势。因而,在农村公共产品供给中,乡镇政府扮演着重要角色。同时,实施乡村振兴战略,农村是基础,乡镇是关键,因而乡镇政府亦在乡村振兴战略实施中扮演关键角色。所以,乡镇政府应当担当起农村公共产品供给主体的责任。

5. 无论从总体上分析,还是从农民角度分析,我国农村公共产品供给都存在较多问题,存在的原因之一就是乡镇政府没有真正承担起农村公共产品供给的责任

从总体上来看,当前,我国农村公共产品供给还存在供给总量不足等问题。一方面,农村基础设施建设虽有进步,但短板仍然突出。另一方面,农村基础教育、农村医疗卫生水平等公共服务与城市相比仍有较大差距。从农民角度来看,农业科技服务供需失衡问题突出,农村公共文化服务短缺明显,与新农合相比新农保政策实施效果较差,“自上而下”的决策方式难以满足农民需求,“一事一议”难以开展等等。农村公共产品供给存在问题的重要原因之一就是乡镇政府没有真正承担起农村公共产品供给的责任。

6. 乡镇干部是乡镇政府职能转变的“当事人”,从乡镇干部的角度来看,乡镇政府在农村公共产品供给中存在着职责的缺位与越位

乡镇干部是乡镇政府职能转变的“当事人”,是农村公共产品供给的真正主体。虽然在应然层面多数乡镇干部认为乡镇政府应以公共服务职责为主,但是在实然层面并非如此。从乡镇干部的角度来看,农村公共产品供给中乡镇政府责任存在的主要问题是:农村公共产品供给中乡镇政府责任缺失,农村公共产品供给决策机制导致供给偏离农民需求,乡镇财政普遍贫困制约着农村公共产品供给,乡镇干部个人利益的考量制约着乡镇政府职责发挥。

7. 农村公共产品供给中乡镇政府责任缺失或者说存在问题主要原因在于国家宏观战略的选择、中观体制的制约以及微观利益的影响

农村公共产品供给中乡镇政府责任存在问题的原因应从国家战略和政

策的宏观层面、乡镇政府行政和财政管理体制的中观层面以及乡镇政府的微观层面三个层面来分析。在宏观层面,新中国成立后我国采取的重工业优先发展战略以及由此形成的城市偏向政策是农村公共产品供给中乡镇政府责任存在问题的根本原因;在中观层面,以"压力型体制"为特征的乡镇行政管理体制和财政管理体制是乡镇政府责任存在问题的直接原因;在微观层面,乡镇政府的自立性则进一步加剧了问题的存在。

8. 实现农村公共产品供给中乡镇政府责任的担当要求政府在宏观上深刻把握城乡关系转变的规律性,进一步加大对农业农村的投入力度,增加农村公共产品供给

政府应深刻把握城乡关系转变的规律性,特别是工农互促、城乡互补的新型城乡关系是对以工促农、以城带乡城乡关系的超越,这一新型城乡关系的界定,需要我们在发展理念上把城乡作为统一的整体来看待,而不是再把城乡分割开来看待。应该说,工农互促、城乡互补,城乡融合发展是对城乡关系的最新定位,在一定程度上是对以工促农、以城带乡的超越和提升。这一新型城乡关系的实质是把城市和乡村从二元结构、各自发展上升为一个整体、相依相伴、共生共融。这就要求政府加强顶层制度设计,进一步切实增加对农业农村投入。

9. 实现农村公共产品供给中乡镇政府责任的担当要求在中观上改革乡镇政府的行政管理体制和财政管理体制

形成农村公共产品供给中乡镇政府责任担当的动力机制,首先应改"压力型体制"为"动力型体制",促进乡镇政府自觉实现从传统管制型政府向服务型政府的转变,使其由被动的外力施压下的构建服务型政府向主动的内力激励下的构建服务型政府转变。动力机制的动力来源在于,中央政府的强力推动是直接动力,社会主义市场经济的发展完善是根本动力,乡镇政府治理能力的提升是内驱动力。在行政管理体制上,关键是构建动力型体制的考核

指标。在财政管理体制上,应完善公共财政体制。

10. 实现农村公共产品供给中乡镇政府责任的担当要求在微观上应建立乡镇政府责任担当的内部激励机制

在物质激励方面,应建立乡镇干部制度化工资增长机制,建议明确乡镇政府工作人员高于县直机关同职级人员的收入比例,提高乡镇工作吸引力。在工作激励方面,应拓宽乡镇干部的晋升和成长渠道,同时应通过制度设计,实现乡镇事业编制人员同样待遇。精神激励是建设服务型乡镇政府最持久的动力,在精神激励方面,应加强乡镇政府行政文化建设,培育乡镇干部服务为民的行政价值观,同时加强行政伦理建设,最终培养公共行政精神。

11. 解决农村公共产品供给中乡镇政府责任存在的问题,还应形成以乡镇政府为主,包括农村社会组织、私人部门以及农民个人(农户)在内的多元供给机制

在现实中,乡镇政府不仅财政能力是有限的,而且治理能力也是有限的。因而,乡镇政府不可能完全承担起农村公共产品供给的责任。这就需要除了乡镇政府之外,还应发挥其他供给主体的作用。建立农村公共产品多元供给机制也就是建立以乡镇政府为主,包括私人部门、农村社会组织以及农民个人等多元主体相互协作、互相补充,共同提供农村公共产品,满足农民公共利益需求的供给机制。建立农村公共产品多元供给体制具有必要性又有可能性。建立多元供给机制的措施,具体来说包括:乡镇政府应在多元供给体制中发挥主导作用,恢复村民自治组织的"自治"属性,积极培育农村社会组织,推进私人部门承担农村公共产品供给责任,建立农民个人(农户)提供公共产品的激励机制。

二、创新与不足

　　第一,提出了"动力型体制"的概念。公共服务职责是乡镇政府的首要责任,但是长期以来,乡镇政府没有能够承担起为农民提供公共产品从而让农民享受更多公共服务的职责。重要原因之一就是"压力型体制"的影响,在"压力型体制"下,乡镇政府行为偏离了应然职能,在农村公共产品供给中责任缺失。因而,形成农村公共产品供给中乡镇政府责任担当的动力机制,变乡镇政府的"压力型体制"为"动力型体制"是实现乡镇政府职能转变、使乡镇政府实现责任担当的重要措施。并且提出,中央政府的强力推动是动力机制的直接动力来源,社会主义市场经济体制的发展完善是根本动力,乡镇治理能力的提高是内驱动力。构建乡镇政府责任担当的动力机制也就是通过体制机制的创新,使乡镇政府有充足的动力,自觉自愿为农民提供公共产品,促进乡镇政府自觉实现从传统"管制型"政府向服务型政府的转变,使其由被动的外力施压下的构建服务型政府向主动的内力激励下的构建服务型政府转变。

　　第二,对农村公共产品供给中乡镇政府责任缺失的原因,构建了从宏观到中观再到微观三个层面的综合分析框架。学界现有的关于乡镇政府职能转变制约因素的分析主要是针对乡镇政府的行政管理体制特别是"压力型体制"和财政管理体制。实际上,乡镇政府责任缺失的原因还包括国家发展战略的选择、城市偏向政策的影响以及乡镇政府自身的原因。因而,应从宏观、中观、微观三个层面综合分析乡镇政府责任缺失的原因。

　　第三,聚焦于农村公共产品供给中的乡镇政府责任,超越了对政府责任问题的笼统分析。乡镇政府直接面对农村农民，是党的农村政策的直接执行者和农村公共产品供给的直接责任者，因而，对于农村公共产品供给中的乡镇政府责任值得专门进行深入探讨。

本研究存在的主要不足也是研究中的主要困难就是调研资料和调研数据的获取还不够全面。这也是调查研究中普遍遇到的难题。考虑到调研资料和数据的可得性和真实性，乡镇干部对于农村公共产品供给中乡镇政府责任的问卷，只在山东省进行调查。山东省虽为中国东部沿海省份，经济较为发达，但是省内东中西部经济发展水平差距也非常明显，可谓中国经济的缩影，因而在一定程度上可以作为全国的代表。并且考虑到经济发展的差异性，笔者选取了山东省东、中、西部部分县区的乡镇进行了问卷调查，问卷全部由课题主持人亲自调查完成。另外，对于乡镇政府责任问题，本研究选取了湖北省作为中国中部地区代表省份、陕西省作为西部地区代表省份，对这两个省的部分乡镇进行了调研访谈。农民关于农村公共产品供给状况的问卷主要由本科生深入农户家庭完成，受生源地域的制约，我们以山东省数据代表中国东部地区，以云南省、四川省、广西壮族自治区、重庆市的数据代表西部地区，在做农村公共产品供给状况总体分析的同时，对东部地区和西部地区供给差异作出分析。

尽管调研资料和数据特别是数据不够全面，但是已有数据能够支撑本课题的研究。并且，这也是本课题后续研究值得继续深入之处。

后　记

本论著是国家社会科学基金项目"农村公共产品供给中的乡镇政府责任及其实现机制研究"（批准号：15BZZ050）的最终成果。

近些年来，我一直致力于政府管理与乡村治理问题的研究。农村公共产品供给不足一直是制约农村经济社会发展的瓶颈。农业税取消以来，农村公共产品供给逐渐纳入到国家公共财政的框架下，尽管如此，公共产品供给的城乡二元格局或者说差序格局依然存在。增加农村公共产品供给，政府需要实现责任担当。其中，乡镇政府直接面对农业农村农民，是农村公共产品供给的重要主体。但是长期以来乡镇政府却处于一种角色悖论之中，本应代表公共利益的乡镇政府更多地忙于实现自身利益。因此，学界也一直关注乡镇政府职能转变问题，甚至出现过关于乡镇政府"去"与"留"的学术争论。那么农村公共产品供给中乡镇政府应该承担什么责任，为何责任缺失？其责任如何实现？正是基于以上考虑，我选取了这一问题申报国家社会科学基金项目并获得了批准。

项目获得批准后，我与项目组成员对此问题进行了认真研究，做了大量关于农村公共产品供给状况和乡镇政府责任状况的问卷调查和访谈，并顺利结项，最终形成了这一研究成果。在本著作出版之际，我也诚挚感谢在项目开题、写作以及调研过程中提供帮助的所有专家、同事和朋友。

该著作的出版得到了人民出版社刘敬文先生的大力支持和帮助，感谢他为这一著作付出的辛苦劳动。

　　研究农村公共产品供给中的乡镇政府责任问题,是一项非常具有意义的课题。尽管做了很多努力,下了很大功夫,但研究中难免存在不足和疏漏之处,恳请各位专家给予批评和指教。

曲延春

2020 年 5 月 20 日

参考文献

著作:

[1] 中共中央文献研究室:《习近平总书记重要讲话文章选编》,中央文献出版社 2016 年版。

[2] 习近平:《之江新语》,浙江人民出版社 2007 年版。

[3] 贺雪峰:《小农立场》,中国政法大学出版社 2013 年版。

[4] 莫光辉、祝慧:《社会组织与贫困治理——基于组织个案的扶贫实践经验》,知识产权出版社 2016 年版。

[5] 康晓强编著:《社会组织与现代国家治理——基于案例的分析》,中国政法大学出版社 2014 年版。

[6] 何水:《社会组织参与服务型政府建设:作用、条件与路径》,中国社会科学出版社 2015 年版。

[7] 唐文玉:《社会组织公共性与政府角色》,社会科学文献出版社 2017 年版。

[8] 沈荣华编著:《中国地方政府学》,社会科学文献出版社 2006 年版。

[9] [美]特里·L.库珀:《行政伦理学:实现行政责任的途径》,中国人民大学出版社 2010 年版。

[10] 胡肖华:《走向责任政府——行政责任问题研究》,法律出版社 2006 年版。

[11] 蓝志勇、黄衍明:《美国地方政府管理》,科学出版社2015年版。

[12] 曹俊杰、王学真:《东亚地区现代农业发展与政策调整》,中国农业出版社2004年版。

[13] 杨杰:《从下往上看——英国农业革命》,中国社会科学出版社2009年版。

[14] 金永丽:《印度农业发展道路探索》,中国农业出版社2006年版。

[15] [日]田代洋一著,杨秀平、王国华、刘庆彬译:《日本的形象与农业》,中国农业出版社2010年版。

[16] 曾雄生主编:《亚洲农业的过去、现在与未来》,中国农业出版社2010年版。

[17] [法]马克布·洛赫:《法国农村史》,商务印书馆1991年版。

[18] 张囤囤、郭洪渊:《美国农业保险制度演进研究》,中国社会科学出版社2013年版。

[19] 周春生、陈倩倩、汪杰贵等:《韩国地方政府管理》,科学出版社2015年版。

[20] 陈瑞莲、张紧跟主编:《地方政府管理》,中国人民大学出版社2016年版。

[21] 张紧跟主编:《地方政府管理》,北京大学出版社2015年版。

[22] 张钢、李廷主编:《英国地方政府管理》,科学出版社2015年版。

[23] 蒋劲松:《责任政府新论》,社会科学文献出版社2005年版。

[24] 吴爱明主编:《地方政府学》,武汉大学出版社2009年版。

[25] 林毅夫:《发展战略与经济发展》,北京大学出版社2004年版。

[26] 刘国光主编:《中国经济发展战略问题研究》,上海人民出版社1984年版。

[27] 林毅夫、蔡昉、李周:《中国的奇迹:发展战略与经济改革》(增订版),格

致出版社、上海三联书店、上海人民出版社 2014 年版。

[28] 陆学艺:《"三农"续论:当代中国农业农村农民问题研究》,重庆出版社 2013 年版。

[29] 徐勇等著:《基层民主发展的途径与机制:权利保障与社区建设:2014》,北京师范大学出版社 2015 年版。

[30] 李军鹏:《公共服务型政府》,北京大学出版社 2004 年版。

[31] 高小平、王俊豪、张学栋主编:《政府职能转变与管理方式创新》,人民出版社 2010 年版。

[32] 吴理财:《从"管制"到"服务":乡镇政府职能转变研究》,中国社会科学出版社 2009 年版。

[33] 常伟:《乡镇政府转型:基于农村公路建设视角》,中国经济出版社 2011 年版。

[34] 许才明:《乡镇政府管理改革研究》,江西人民出版社 2009 年版。

[35] 李克强:《农村公共产品供给与农民发展》,中国社会科学出版社 2013 年版。

[36] 鄢奋:《农村公共产品供给的问题与对策》,社会科学文献出版社 2011 年版。

[37] 张秀生主编:《农村公共产品供给与农民收入增长》,中国农业出版社 2008 年版。

[38] 李燕凌:《农村公共产品供给效率论》,中国社会科学出版社 2007 年版。

[39] 陶勇:《农村公共产品供给与农民负担》,上海财经大学出版社 2005 年版。

[40] 陈振明等著:《公共服务导论》,北京大学出版社 2011 年版。

[41] 贺雪峰:《组织起来:取消农业税后农村基层组织建设研究》,山东人民出版社 2012 年版。

[42] 蔡昉:《三农、民生与经济增长:中国特色改革与发展探索》,北京师范大学出版社 2010 年版。

[43] 赵强社:《三农论稿:站在农民的立场》,社会科学文献出版社 2017 年版。

[44] 任军利:《"三农"问题的探索与思考》,江西人民出版社 2015 年版。

[45] 秦庆武:《三农问题:危机与破解》,山东大学出版社 2012 年版。

[46] 洪银兴、刘志彪等著:《三农现代化的现代途径》,经济科学出版社 2009 年版。

[47] 王澜明主编:《政府治理现代化:政府职能转变研究》,团结出版社 2015 年版。

[48] 黄金辉、张衔、邓翔等:《中国西部农村人力资本投资与农民增收问题研究》,西南财经大学出版社 2005 年版。

[49] 贾康、苏京春:《新供给经济学》,山西出版传媒集团、山西经济出版社 2015 年版。

[50] 高静:《公共财政的政治过程》,南京大学出版社 2015 年版。

[51] 刘克勇编著:《公共财政支持"三农"政策研究》,中国林业出版社 2010 年版。

[52] 孙康:《"三农"问题及其规制政策的调整》,科学出版社 2012 年版。

[53] 李克军:《乡村视野:"三农"问题的调查与思考》,新华出版社 2010 年版。

论文:

[1] 邓大松、刘志甫:《我国农村公共物品有效供给问题与策论》,《江西社会科学》2016 年第 10 期。

[2] 项继权、李晓鹏:《"一事一议财政奖补":我国农村公共物品供给的新机

制》,《江苏行政学院学报》2014 年第 2 期。

[3] 贺雪峰:《论乡村治理内卷化——以河南省 K 镇调查为例》,《开放时代》2011 年第 2 期。

[4] 于建嵘:《我国农村基层政权建设亟需解决的几个问题》,《行政管理改革》2013 年第 9 期。

[5] 崔开云:《非政府组织参与中国农村公共产品供给基本问题分析》,《农村经济》2011 年第 4 期。

[6] 罗兴佐、房红磊:《农村公共物品供给效率的影响因素分析——基于重庆市 12 个村庄道路和水利设施的调查》,《重庆邮电大学学报》(社会科学版)2013 年第 5 期。

[7] 郭小聪、刘述良:《面向公共利益差异性的公共产品供给制度设计》,《中山大学学报》(社会科学版)2008 年第 3 期。

[8] 王晔、藏日宏:《我国财政分权体制对农村公共产品供给的影响》,《经济问题》2014 年第 6 期。

[9] 沈荣华:《论我国农村公共物品供给的内在逻辑》,《理论探讨》2005 年第 6 期。

[10] 贺雪峰、罗兴佐:《论农村公共物品供给中的失衡》,《经济学家》2006 年第 1 期。

[11] 程又中、陈伟东:《国家与农民:公共产品供给角色与功能定位》,《华中师范大学学报》(人文社会科学版)2006 年第 2 期。

[12] 格雷姆・史密斯,苏丽文、展枫译:《乡镇政府"空壳化"问题研究:一种内部运作的视角》,《经济社会体制比较》2013 年第 1 期。

[13] 徐勇:《县政、乡派、村治:乡村治理的结构性转换》,《江苏社会科学》2002 年第 3 期。

[14] 郁建兴、黄飚:《乡镇政府的职能界定与责任承担——基于浙江省三门

县小雄镇的个案分析》,《中共宁波市委党校学报》2013 年第 5 期。

[15] 周飞舟:《从汲取型政权到"悬浮型"政权——税费改革对国家与农民关系之影响》,《社会学研究》2006 年第 3 期。

[16] 陈盛伟、岳书铭:《乡镇政府"谋利型政权代理人"行为的分析》,《中国行政管理》2006 年第 3 期。

[17] 薛金礼:《论乡镇政府职能转变需要的外部因素》,《黑河学刊》2013 年第 10 期。

[18] 中国社会科学院农村发展研究所编:《聚焦"三农"》中国农村发展研究报告 NO5,社会科学文献出版社 2006 年版。

[19] 周春平:《农村公路基础设施对农民收入的影响——基于江苏省 2000—2014 年县域面板数据的实证研究》,《山西农业大学学报》(社会科学版)2017 年第 9 期。

[20] 邓蒙芝、罗仁福、张林秀:《道路基础设施建设与农村劳动力非农就业——基于 5 省 2000 个农户的调查》,《农业技术经济》2011 年第 2 期。

[21] 徐双敏、陈尉:《取消农业税费后农村公共产品供给问题探析》,《西北农林科技大学学报》(社会科学版)2014 年第 5 期。

[22] 杨爽、刘萍、周星:《基于 VAR 模型分析农村公共产品与经济增长之间的关系——以福建省数据检验为例》,《社会科学辑刊》2011 年第 2 期。

[23] 张士云、姚升、蒋和平、栾敬东、江激宇:《粮食主产区农村公共产品投入对农业增长的影响分析》,《农业经济问题》2010 年第 4 期。

[24] 霍忻:《农村公共物品供给收入效应的实证分析》,《西北农林科技大学学报》(社会科学版)2016 年第 4 期。

[25] 花亚州、刘昌平:《教育对城乡劳动力收入差距的影响研究——基于平等与效率视角》,《社会保障研究》2018 年第 1 期。

[26] 苏华山、王志伟:《中国农村居民教育对个人收入的影响——基于 1989

年至 2009 年微观面板数据的实证研究》,《广东商学院学报》2012 年第
4 期。

[27] 张霄:《农村公共物品投资的消费效应实证研究——基于河南省的样本
分析》,《中南财经政法大学学报》2010 年第 4 期。

[28] 李中生、汪垚:《中国农村公共产品供给与农民消费规模相关性的实证
分析》,《通化师范学院学报》2010 年第 11 期。

[29] 周恩来政府管理学院课题组:《公共服务型政府建设问题研究》,《南开
学报》(哲学社会科学版)2005 年第 5 期。

[30] 扶松茂、竺乾威:《公共服务型政府建设若干问题的思考》,《苏州大学学
报》2011 年第 5 期。

[31] 迟福林:《全面理解"公共服务型政府"的基本涵义》,《人民论坛》2006
年第 3 期。

[32] 刘熙瑞:《服务型政府——经济全球化背景下中国政府改革的目标选
择》,《中国行政管理》2002 年第 7 期。

[33] 金东日:《政府责任及其实现途径的研究视角分析》,《上海行政学院学
报》2016 年第 4 期。

[34] 耿华萍、刘祖云:《城乡义务教育非均衡发展现实归因的理论思考》,《南
京社会科学》2016 年第 4 期。

[35] 白云丽、张林秀、罗仁福、刘承芳:《城乡教育差距与扶贫挑战》,《科技促
进发展》2017 年第 6 期。

[36] 张文成:《建设中国特色的社会主义新农村》,《小城镇建设》2005 年第
11 期。

[37] 陈萍、李平:《如何矫正城乡一体化政策的城市偏向——基于 1978—
2012 年省级面板数据的分析》,《人民论坛·学术前沿》2014 年第
14 期。

［38］李燕凌、喻琪:《我国基本公共服务供给的现状分析与思考》,《经济研究导刊》2015 年第 13 期。

［39］黄维海、刘梦露:《城—镇—乡人口教育差距的演变及影响机制》,《教育经济评论》2016 年第 3 期。

［40］黄建红:《广西农村小学师资队伍的困局与破解》,《玉林师范学院学报》(哲学社会科学版)2016 年第 4 期。

［41］赵树凯:《重新界定中央地方权力关系》,《中国经济报告》2013 年第 9 期。

［42］曾明:《"稳定压倒一切"下的乡镇政府——江西省 J 镇的经验》,《武汉大学学报》(哲学社会科学版)2011 年第 1 期。

［43］钱瑜:《企业社会责任和企业绩效的经典相关分析——基于利益相关者视角》,《企业经济》2013 年第 3 期。

［44］俞可平:《社会资本与草根民主——罗伯特·帕特南的＜使民主运转起来＞》,《经济社会体制比较》2003 年第 2 期。

［45］郑杭生、奂平清:《社会资本概念的意义及研究中存在的问题》,《学术界》2003 年第 6 期。

［46］李成贵:《历史视野下的国家与农民》,载曾雄生主编《亚洲农业的过去、现在与未来》,中国农业出版社 2010 年版,第 170 页。

［47］谢舜、王天维:《中国农村社会组织发展的内在动力和约束条件——基于 2007—2014 年 31 省面板数据的实证研究》,《江汉论坛》2017 年第 7 期。

［48］黄辉祥、刘宁:《农村社会组织:生长逻辑、治理功能和发展路径》,《江汉论坛》2016 年第 11 期。

［49］王玲、兰庆高、于丽红:《借鉴国外经验完善中国农村公共产品供给》,《世界农业》2008 年第 6 期。

［50］薄贵利：《完善公共服务：地方政府职能转变的核心与重点》，《新视野》
2004 年第 5 期。

［51］石光：《促进基本公共服务均等化的财政转移支付制度研究》，《特区经
济》2011 年第 5 期。

［52］王宇新：《社会资本影响村庄公共产品供给吗？——基于微观数据的研
究》，《中南财经政法大学学报》2015 年第 5 期。

［53］尚重生、龙彬：《论公民身份视域下美国乡镇自治精神的生成》，《湖北行
政学院学报》2016 年第 3 期。

［54］曲延春、王淑晴：《乡镇政府职能转变的制约因素论析：整体性视域》，
《农业经济问题》2016 年第 8 期。

［55］曲延春：《乡镇政府职能转变：乡镇干部的认知研究——基于山东省问
卷调查的分析》，《中共中央党校学报》2017 年第 4 期。

［56］刘济良、张笑涛：《究竟什么是公民精神》，《中国德育》2017 年第 13 期。

［57］李军鹏：《完善政府公众诉求回应体系，打造回应型政府——以九江市
政府"民生直通车"为例》，《行政论坛》2011 年第 3 期。

［58］曲延春：《农民满意度、需求偏好与农村公共产品供给侧改革——基于
山东省 546 份调查问卷的分析》，《东岳论丛》2017 年第 11 期。

［59］文华：《农业为主型乡镇政府压力实证研究：维度区分与作用机制》，《中
国行政管理》2016 年第 8 期。

［60］李克强：《在地方政府职能转变和机构改革工作电视电话会议上的讲
话》，《中国机构改革与管理》2016 年第 12 期。

［61］曲延春、陈浩彬：《农村基层协商民主制度化：实践困境与推进路径》，
《农村经济》2017 年第 10 期。

［62］马光荣、郭庆旺、刘畅：《财政转移支付结构和地区经济增长》，《中国社
会科学》2016 年第 9 期。

［63］曲延春:《农村公共产品的非政府组织供给:理论逻辑、现实困境与路径选择》,《农村经济》2015 年第 12 期。

［64］田巍、张波:《服务型行政文化:服务型政府的灵魂》,《东北师大学报》(哲学社会科学版)2009 年第 6 期。

［65］黄建红:《三维框架:乡村振兴战略中乡镇政府职能的转变》,《行政论坛》2018 年第 3 期。

［66］黄建红、颜佳华:《乡镇行政区划调整与政府职能转变的互动逻辑》,《中南大学学报》(社会科学版)2017 年第 4 期。

［67］薛金礼:《"任务型乡镇"政府职能转变的困境及其出路——基于华北石镇的调研》,《四川理工学院学报》(社会科学版)2015 年第 1 期。

［68］蔡昉、王美艳:《从穷人经济到规模经济——发展阶段变化对中国农业提出的挑战》,《经济研究》2016 年第 5 期。

［69］吴永明、许莉:《农村公共产品供给模式选择的实证分析——基于经济发展阶段的判断》,《金融与经济》2014 年第 3 期。

［70］程国强、朱满德:《中国工业化中期阶段的农业补贴制度与政策选择》,《管理世界》2012 年第 1 期。

［71］蒋和平、辛岭、黄德林:《中国农业现代化的发展阶段》,《科技与经济》2006 年第 4 期。

［72］李俊生、侯可峰:《"乡财县管"导致乡镇财政能力弱化的机理与改革建议》,《预算管理与会计》2015 年第 6 期。

［73］刘太刚:《公共管理视角下的财政本质与财政公共性——需求溢出理论的公权保障论》,《中国行政管理》2018 年第 4 期。

［74］雷焕贵、段云青、柴世民、宋静、赵玉兰:《陕西省农村公共文化服务体系建设解析与重构——基于 4 市 6 县 22 乡镇 51 村的调查》,《云南农业大学学报》(社会科学)2017 年第 6 期。

［75］黄少安、姜树广:《城乡公共基础教育均等化了吗?——对城乡基础教育财政支出和教育质量历史趋势的实证考察》,《社会科学战线》2013 年第 7 期。

［76］石绍宾:《城乡基础教育不平等与收入差异的实证分析》,《统计与决策》2008 年第 23 期。

［77］张立冬:《中国农村贫困代际传递实证研究》,《中国人口·资源与环境》2013 年第 6 期。

［78］王亚芬、周诗星、高铁梅:《中国财政支持"三农"政策的影响效应研究》,《财经问题研究》2015 年第 9 期。

［79］张雪、赵霞:《农户对农村公共物品满意度的实证研究》,《郑州航空工业管理学院学报》2013 年第 2 期。

［80］朱润喜:《县乡财政困难对农村发展的制约及解决对策》,《农村财政与财务》2010 年第 3 期。

［81］孙召鹏:《新型城镇化背景下乡镇政府改革路径探析》,《当代世界与社会主义》2014 年第 3 期。

［82］匡远配、曾福生:《扩大农村内需:基于统筹城乡公共产品供给的视角》,《湖南社会科学》2009 年第 4 期。

［83］杨帅、董筱丹、温铁军:《农村基础设施长效投入的问题、经验与对策》,《中州学刊》2014 年第 6 期。

［84］潘经强:《农村公共产品供给经济效益分析——基于河南省实证检验》,《商业经济研究》2015 年第 30 期。

［85］肖建华、黄蕾、肖文军:《社会性基本公共服务财政支出与居民消费关系的实证分析——基于 2007—2012 年省级面板数据》,《财经理论与实践》2015 年第 2 期。

［86］鄢奋:《农村公共产品供给对农民收入影响分析——以福建省为例》,

《东南学术》2010 年第 3 期。

[87] 温铁军:《两个发展阶段的转变与国家战略的重大调整——国家工业化进程中的"三农"问题》,《中国与世界观察》2008 年第 3、4 期合刊。

[88] 巫烈光:《论我国政府自利性的根源与规范》,《福建论坛》(社科教育版)2009 年第 6 期。

[89] 许吉:《浅论政府自利性扩张及其控制途径》,《延边大学学报》(社会科学版)2011 年第 3 期。

[90] 方雷:《政府权力的回归与地方治理的向度》,《理论探讨》2013 年第 1 期。

[91] 迟诚:《城市偏向型经济政策对城乡收入差距的影响》,《城市问题》2015 年第 8 期。

[92] 郭俊敏:《乡风文明建设背景下的乡镇政府职能重构》,《河南师范大学学报》(哲学社会科学版)2011 年第 2 期。

[93] 张新光:《乡镇政府职能转变的历程回顾与难点透视》,《贵州财经学院学报》2007 年第 2 期。

[94] 赵树凯:《重新界定中央地方权力关系》,《中国经济报告》2013 年第 9 期。

[95] 张丙宣:《对峙与摆平:城郊农民与乡镇政府的博弈机制——以杭州市 A 镇为个案的研究》,《中国农村观察》2013 年第 2 期。

[96] 张金荣、孙彦鹏:《乡镇政府在农村基本公共服务中的困境与出路》,《红旗文稿》2015 年第 6 期。

[97] 戴祥玉、杜春林:《行动者网络视域下农村公共服务的多元合作供给》,《西北农林科技大学学报》(社会科学版)2017 年第 5 期。

[98] 李洪佳、沈亚平:《简政放权背景下"元治理"研究——以公共服务多元合作供给为视角》,《天津行政学院学报》2017 年第 6 期。

[99] 崔晓芳、王文昌:《农村公共物品协同供给运行机理:基于利益相关者的

分析》,《生产力研究》2017 年第 8 期。

[100] 费均:《经济基础、民主促进、非正式制度——农村公共物品供给的三个分析视角》,《教学与研究》2017 年第 6 期。

[101] 李晶、高强:《农户社会资本与农村公共物品供给——以韩国新村运动为例》,《世界农业》2017 年第 3 期。

[102] 殷志扬、程培堽、钱鑫:《发达地区农村居民对公共物品投资的满意度及其影响因素研究——基于苏州地区 349 份调查问卷的数据》,《江南大学学报》(人文社会科学版)2017 年第 4 期。

[103] 辛波、张姝、耿殿明:《基于供给主体视角的农村社区公共产品供给影响因素研究——来自中国劳动力动态调查数据》,《财政科学》2018 年第 6 期。

[104] 李燕凌、王健、彭媛媛:《双层多方博弈视角下农村公共产品多元合作机制研究——基于 5 省 93 个样本村调查的实证分析》,《农业经济问题》2017 年第 6 期。

[105] 郭世芹、邹杰:《我国农村居民非生产性公共品消费影响因素研究——基于转移支付、地方政府供给与公共产品价格的实证分析》,《价格理论与实践》2015 年第 5 期。

[106] 邓立新:《农村公共产品供给效率与制度构建——对成都市农村中小型公共设施"村民自建"试点的调查思考》,《经济体制改革》2014 年第 3 期。

[107] 汪旭、刘桂枝:《农户参与农村公共产品供给:方式、前提条件与实现路径》,《湖湘论坛》2014 年第 5 期。

[108] 刘蕾:《人口空心化、居民参与意愿与农村公共品供给——来自山东省 758 位农村居民的调查》《农业经济问题》2016 年第 2 期。

附　录

附录一：农村公共产品供给状况调查问卷

您好！为了了解农村公共产品供给的基本状况，分析公共产品供给过程中存在的主要问题，特组织本次农村问卷调查。下面耽误您几分钟的时间，请您仔细填写问卷中所涉及的各项内容，您的相关信息我们将严格保密。谢谢您的合作！

调查员姓名_____　　调查时间_____

一、调查对象的基本信息：

所在省_____市_____县_____

1.您的性别(　　)

A.男　　　　　　　B.女

2.您的年龄(　　)

A.30 岁及以下　　B. 31—45 岁　　　C.46—60 岁　　　　D.60 岁以上

3.您的学历(　　)

A. 小学及以下　　B.初中　　　　　C.高中或中专　　　D.大专及以上

4.您的家庭年收入(　　)

A.10000 元以下　　　　　　　　B.10000—20000 元

C.20000—30000 元　　　　　　　D.30000 元以上

5.您的家庭收入主要来源(　　)

A.粮食收入　　　　　　　　　　B.养殖、种植经济作物收入

C.打工收入　　　　　　　　　　D.国家低保等收入

二、公共产品与公共服务的主要状况:

1.您所在的村生活用电(　　)停电

A.从不　　　　　B.很少　　　　　C.经常

2.您所在的行政村内生活生产用电的电网覆盖面积能够达到(　　)

A.90% 以上　　　B.60%—90%　　　C.30%—60%　　　D.30% 以下

3.您所在的村饮用水主要是(　　)

A.自来水　　　　　B.井水　　　　　C.水窖存水

说明:选【A】请转填下题

您所在的行政村内自来水的管道铺设面积能够达到(　　)

A.90% 以上　　　B.60%—90%　　　C.30%—60%　　　D.30% 以下

4.您所在村饮用水的水质(　　)

A.很好　　　　　　B.一般　　　　　C.很差

5.您所在地区的农业气候条件的基本情况是(　　)

A.旱涝保收　　　　B.旱涝严重

说明:选【A】请转填下题

(1)您认为当地能够"旱涝保收"的主要原因是(　　)

a.地形有利、气候优宜

b.抗旱防涝的设施齐全、措施得力

选【B】请转填下题

（2）您认为当地之所以"旱涝严重"的主要原因是（　　）

a. 地形不利、气候恶劣

b. 抗旱防涝的设施匮乏、措施不力

6. 您所在的地区有没有水库、河道等水利工程（　　）

A. 有　　　　　　　B. 没有

说明：选【A】请转填下题

（1）该水利工程主要修建于什么年代（　　）

a. 人民公社时期　　　　　　　b. 家庭承包制实施后

c. 最近几年

（2）该水利工程是否需要整修（　　）

A. 是　　　　　　　B. 否

7. 您所在行政村内的道路主要是（　　）

A. 柏油或水泥路　B. 沙石路　　　　C. 土路

8. 您所在的村庄是否通公共汽车（　　）

A. 是　　　　　　　B. 否

9. 您认为您所在村的公路能否满足农村经济和居民需要（　　）

A. 能够满足　　B. 基本满足　　　C. 不能满足需要

10. 与几年前的状况相比，您对当前您所在行政村内道路建设状况的总体评价为（　　）

A. 显著进步　　B. 稍有进步　　C. 差不多　　　D. 有退步

11. 您所在的村庄内通讯网络的覆盖面积能够达到（　　）

A. 90%以上　　B. 60%—90%　C. 30%—60%　D. 30%以下

12. 您所在村庄拥有互联网资源的家庭能够占到全村的（　　）

A. 90%以上　　B. 60%—90%　C. 30%—60%　D. 30%以下

13. 您所在的村庄（　　）安排和组织村民参加各类文娱活动

A. 经常　　　　B. 很少　　　　C. 从不

14. 您所在的行政村内是否建有配套的文娱场所（　　）

A. 是　　　　　　　　B. 否

15. 您认为您目前居住的村庄的环境状况？（　　）

A. 非常干净　　　　B. 比较干净　　　　C. 不干净

16. 您的村庄是否有公共垃圾箱或者垃圾场？（　　）

A. 是　　　　　　　　B. 否

17. 您对生活垃圾的处理方式？（　　）

A. 随意乱扔　　　　　　　　B. 集中放入某一固定场所

C. 倒进河流、水塘　　　　　　D. 焚烧

18. 您的村庄是否有公共厕所？（　　）

A. 是　　　　　　　　B. 否

19. 您对农村公共卫生现状是否满意？（　　）

A. 很满意　　　　B. 比较满意　　　　C. 不满意

20. 您所在地区是否举办针对农业生产的科技咨询和业务培训（　　）

A. 经常　　　　B. 很少　　　　C. 从不

21. 您在目前的农业生产经营中最短缺的是（　　）

A. 资金　　　　B. 技术　　　　C. 信息　　　　D. 销售渠道

22. 您是否参加了新型农村合作医疗（　　）

A. 是　　　　　　　　B. 否

23. 您所在行政村内参与新型农村合作医疗的家庭能够占到全村的
（　　）

A. 90% 以上　　　B. 60%—90%　　　C. 30%—60%　　　D. 30% 以下

24. 在目前新型农村合作医疗制度下,政府提供的医疗补贴数额相对于您
的就医开支而言（　　）

A. 起了很大环节作用　　　　　　B. 起到一些缓解作用

C. 作用不大

25. 您的村庄是否有医务室？

A. 是　　　　　　　B. 否

26. 您认为您所在行政村的卫生室存在的主要问题是（　　）【可多选】

A. 场地房舍简陋　　　　　　　B. 医用设备匮乏

C. 医务人员不足　　　　　　　D. 医术水平有限

27. 您认为您所在地区义务教育阶段存在的主要问题是（　　）【可多选】

A. 学生教室简陋　　　　　　　B. 教学设备匮乏

C. 学校距离太远　　　　　　　D. 师资队伍不足、教学水平有限

28. 您对所在行政村内社会治安状况的评价是（　　）

A. 非常满意　　B. 基本满意　　C. 有些担忧　　　D. 非常担忧

29. 您是否参加了新农保（新型农村养老保险）（　　）

A. 已经参加　　　　　　　　B. 没有参加

30. 您对新农保（新型农村养老保险）政策的看法是（　　）

A. 对农民很重要　　　　　　　B. 对农民无所谓

C. 解决农民的一定生活问题　　D. 农民自己交钱养老

31. 您对新农保（新型农村养老保险）政府给予60岁以上农民每月养老金数额的看法是（　　）

A. 基本够用　　　　　　　　B. 金额较少，不大够用

C. 什么问题也解决不了

32. 在可能的情况下，您认为新农保政策中政府每月给农民发放的理想金额是多少（　　）

A. 100元左右　　B. 300元左右　　C. 500元左右　　　D. 700元左右

33. 您所在村村民自治制度和村规民约是否健全（　　）

A. 健全　　　　　B. 不健全　　　　C. 不清楚

34. 村民自治组织的办事效率（　　）

A. 很高　　　　　B. 一般　　　　C. 很差

35. 您所在的村在关系到村民集体利益的决策,主要是由(　　　)作出的

A. 乡镇干部　　　　B. 村干部　　　　　C. 农民(村民代表大会)

36. 您认为关系到村民集体利益的决策,应该谁说了算(　　　)

A. 乡镇干部　　　　B. 村干部　　　　　C. 农民(村民代表大会)

37. 您所在的村农民表达利益需要的渠道是否畅通(　　　)

A. 非常畅通　　　　B. 基本畅通　　　　C. 不畅通

38. "一事一议"在您们村发挥作用吗? (　　　)

A. 作用很大　　　B. 作用一般　　　C. 不发挥作用　　　D. 没听说过

39. 您对目前农村公共产品供给的满意程度为(　　　)

A. 非常满意　　　B. 基本满意　　　C. 不满意

40. 您认为当前农村公共产品供给存在的主要问题是(　　　)

A. 总量不足　　　　　　　　B. 质量较差

C. 供给与农民的需求不相称　　　D. 县乡干部不为农民着想

41. 您认为造成当前农村公共产品供给中存在问题的主要原因是(　　　)

A. 政府财政投入不足　　　　B. 农村集体经济弱化

C. 农民热情不高　　　　　　D. 县乡干部工作不力

42. 您认为以下对于农民和农村最急需的一项是(　　　)

A. 农业科技服务　　　　　　B. 农村义务教育

C. 医疗卫生　　　　　　　　D. 道路、水利工程等基础设施

43. 您认为改善农村公共产品供给状况主要靠什么(　　　)

A. 政府　　　　　　　　　　B. 村集体

C. 农民个人　　　　　　　　D. 企业等社会力量

感谢您能在百忙之中参与和支持本次问卷调查,祝您和您的家人身体健康、阖家幸福!

附录二：农村公共产品供给中乡镇
政府责任状况调查问卷

为深入了解乡镇政府工作状况和乡镇政府职能转变情况,特设计此问卷,本调查问卷为匿名问卷,请您根据实际情况实事求是填写。衷心感谢您的配合!(除 22、23 题为多选之外,其他问题均为单选,直接在相应选项下面打√即可。)

调查员姓名_____　调查时间_____

被调查者基本情况：所在省_____市_____县_____

1. 您的性别(　　)

A. 男　　　　　　　B. 女

2. 您的年龄(　　)

A. 20—30 岁　　B. 31—40 岁　　C. 41—50 岁　　D. 51 岁以上

3. 您的学历(　　)

A. 高中及以下　　B. 大专　　　　C. 本科　　　　D. 研究生

4. 您的月收入(　　)

A. 2000 元以下　　B. 2000—3000 元　C. 3000—4000 元　D. 4000 元以上

5. 您的身份(　　)

A. 公务员　　　　B. 事业编制人员　C. 工勤人员　　　D. 临时工

6. 您的职务(　　)

A. 正科(乡)级及以上　　　　　　B. 副科(乡)级

C. 主任(所长、站长)、副主任(副所长、副站长)等部门领导

D. 一般人员

7. 您对自己当前工作的满意度（　　　）

A. 非常满意　　　　B. 满意　　　　　　C. 不满意　　　　　D. 很不满意

8. 您的家庭所在地（　　　）

A. 地级市　　　　　　　　　　　　B. 县城

C. 乡镇驻地　　　　　　　　　　　D. 乡镇所辖的农村

9. 您是否愿意在乡镇长期工作（　　　）

A. 非常愿意　　　　　　　　　　　B. 愿意

C. 不愿意，但没有离开途径　　　　D. 不愿意，近期有离开的打算

乡镇政府责任状况：

10. 您认为乡镇政府最主要工作应该是什么（　　　）

A. 征地拆迁、推动新型城镇化

B. 招商引资、发展经济

C. 维护社会稳定

D. 关注民生、提供公共服务

11. 您认为您所在乡镇在实际中最主要的工作是什么（　　　）

A. 征地拆迁、推动新型城镇化

B. 招商引资、发展经济

C. 维护社会稳定

D. 关注民生、提供公共服务

12. 您认为您所在乡镇开展工作的最主要依据是什么（　　　）

A. 上级政府对乡镇的考核指标

B. 宪法、法律规定的乡镇政府应有职能

C. 乡镇主要领导工作思路

D. 上级政府临时交办事宜

13. 您所在乡镇的财政状况属于下列哪一种（　　）

A. 非常富裕　　　　B. 比较富裕　　　　C. 维持基本运转　　D. 贫困

14. 您认为解决乡镇政府财政困难的最主要途径是什么（　　）

A. 招商引资

B. 增加上级政府对乡镇的转移支付

C. 减少乡镇政府事权、减轻支出责任

D. 发展当地民营经济和农业经济

15. 您对农村公共产品的了解程度（　　）

A. 非常了解　　　　B. 不太了解　　　　C. 没听说

16. 您认为我国农村公共产品供给存在的最主要问题是什么（　　）

A. 城乡之间的供给水平差距较大

B. 农村公共产品供给偏离农民需求

C. 农村公共产品供给缺乏有效监督、资金浪费严重

D. "面子工程""政绩工程"太多

17. 您所在乡镇政府对提供农村公共产品的重视程度（　　）

A. 很重视　　　　　B. 比较重视　　　　C. 不太重视　　　　D. 很不重视

18. 您所在的乡镇政府提供农村公共产品决策主要依据的是什么（　　）

A. 国家相关政策

B. 上级领导的指示命令

C. 乡镇政府领导决定为主

D. 根据农民实际需求决定

19. 您认为您所在乡镇政府提供农村公共产品时是否尊重农民实际需要（　　）

A. 非常尊重　　　　B. 有时尊重　　　　C. 不尊重

20. 您认为您所在乡镇提供农村公共产品的效率如何（　　）

A. 很高　　　　B. 较高　　　　C. 一般　　　　D. 较低

21. 您认为所在乡镇政府对于辖区内农村公共产品的供给情况如何
（　　）

A. 很充分　　　B. 比较充分　　　C. 不足　　　　D. 严重不足

22. 您认为乡镇政府提供哪些公共产品比较充分？（多选）（　　）

A. 农村公路建设

B. 农田水利设施

C. 农村基础教育

D. 医疗卫生服务

E. 农业科技推广

F. 农村社会治安

G. 农村公共文化服务

23. 您认为乡镇政府提供哪些公共产品较为不足？（多选）（　　）

A. 农村公路建设

B. 农田水利设施

C. 农村基础教育

D. 医疗卫生服务

E. 农业科技推广

F. 农村社会治安

G. 农村公共文化服务

24. 您认为乡镇政府在提供农村公共产品供给工作中遇到的最大困难是
什么（　　）

A. 决策机制不完善

B. 财政资金缺乏、乡镇事权多财权小

C. 农民无法参与决策

D. 上级行政命令脱离农村实际

25. 您认为导致乡镇政府提供农村公共产品困难的根本原因是什么
( )

A. 传统工业化发展战略以及重城轻乡政策

B. 分税制改革和农业税的取消

C. 乡镇政府事权多财权小

D. 乡镇政府职能没有真正转变到为农民提供服务上来

26. 您所在乡镇的农村是否开展了"一事一议"( )

A. 开展顺利　　　　B. 部分开展　　　　C. 没有开展　　　　D. 没听说

27. 您对于"乡财县管"的看法是什么( )

A. 对乡镇工作有利　　　　　　　B. 对乡镇没有影响

C. 制约乡镇工作　　　　　　　　D. 无所谓

28. 您对乡镇政府职能转变的认识是什么( )

A. 确实应该转变职能

B. 乡镇政府处于基层,难以真正转变职能

C. 转变职能对于乡镇没有意义

D. 不应该转变职能

29. 您对乡镇政府职能转变的结果的评价是什么( )

A. 有了很大转变　　　　　　　　B. 有所转变

C. 收效一般　　　　　　　　　　D. 没有任何转变

30. 乡镇政府职能履行存在的最大问题在于( )

A. 乡镇政府事大权小,对于县级政府依附性较强

B. 乡镇政府财政收入少,无法完全履行职能

C. 乡镇政府条件差,工资低,影响工作积极性

D. 乡镇政府机构设置不健全

31. 您认为乡镇政府改革的趋势应该是什么(　　　)

A. 进一步加强乡镇政府建设

B. 取消乡镇政府,改为县级政府的派出机构

C. 继续合并乡镇政府,精简数量

D. 与村民自治一样,实行乡镇自治

感谢您能在百忙之中参与和支持本次问卷调查,祝您和您的家人身体健康、阖家幸福!

责任编辑：刘敬文
责任校对：张世琪

图书在版编目（CIP）数据

农村公共产品供给中的乡镇政府责任研究/曲延春 著. —北京：
  人民出版社,2020.9
ISBN 978－7－01－022420－6

Ⅰ.①农… Ⅱ.①曲… Ⅲ.①农村-公共物品-供给制-研究-中国
  ②乡镇-地方政府-政府职能-研究-中国 Ⅳ.①F299.241②D625

中国版本图书馆 CIP 数据核字（2020）第 154861 号

农村公共产品供给中的乡镇政府责任研究

NONGCUN GONGGONG CHANPIN GONGJI ZHONGDE
XIANGZHEN ZHENGFU ZEREN YANJIU

曲延春 著

人民出版社 出版发行
（100706 北京市东城区隆福寺街 99 号）

中煤（北京）印务有限公司印刷 新华书店经销

2020 年 9 月第 1 版 2020 年 9 月北京第 1 次印刷
开本:710 毫米×1000 毫米 1/16 印张:15.5
字数:180 千字

ISBN 978－7－01－022420－6 定价:45.00 元

邮购地址 100706 北京市东城区隆福寺街 99 号
人民东方图书销售中心 电话 （010）65250042 65289539